오늘부터 **말**을 공부합니다

오늘부터 말을 공부합니다

초판 1쇄 발행 2022년 7월 18일

지은이 김정천
펴낸이 장현수
펴낸곳 메이킹북스
출판등록 제 2019-000010호

디자인 김한솔
편집 김한솔
교정 안지은
마케팅 장윤정

주소 서울특별시 구로구 경인로 661, 핀포인트타워 912-914호
전화 02-2135-5086
팩스 02-2135-5087
이메일 making_books@naver.com
홈페이지 www.makingbooks.co.kr

ISBN 979-11-6791-196-4(03190)
값 17,000원

ⓒ 김정천 2022 Printed in Korea

잘못된 책은 구입하신 곳에서 바꾸어 드립니다.
이 책의 전부 또는 일부 내용을 재사용하려면 사전에 저작권자와 펴낸곳의 동의를 받아야 합니다.

홈페이지 바로가기

메이킹북스는 저자님의 소중한 투고 원고를 기다립니다.
출간에 대한 관심이 있으신 분은 making_books@naver.com로 보내 주세요.

오늘부터 말을 공부합니다

김정천 지음

잘 풀리는 사람의 말투엔 특별함이 있다!
잘 풀리는 사람들의 7가지 말투와
사례별 노하우를 소개한 책!!

인간관계 &
성공을 위한
필독서!!!

메이킹북스

Contents

| 머리말 | 성공은 인간관계가 좌우하고, 인간관계는 말투가 좌우한다 | 8 |

✦ 제1장 ✦ 말투는 왜 중요한가?

1	말투는 그 사람의 품격이다	16
2	말투가 인간관계를 좌우한다	17
3	53년간의 재상 자리, 말투가 지켰다	20
4	사람은 하루에 몇 마디를 할까?	21
5	우리 속담에도 말 관련 내용이 많다	23
6	동물들은 어떤 말투를 사용할까?	26

✦ 제2장 ✦ 호언(好言), 첫인상을 돋보이게 하는 말투

1	3초의 첫인상, 영원히 기억된다	30
2	첫인상은 '사소한 것'에 의해 결정된다	32
3	옷차림이 첫인상을 좌우할 수 있다	33
4	잘못된 첫인상은 만회할 수 있을까?	35
5	말투는 나를 평가하는 신뢰 자산이다	37
6	무례한 고객에게 돈을 더 받는 카페가 있다	39

✦ 제3장 ✦ 친언(親言), 이웃에게는 친절한 말투

1 엘리베이터, 이웃사촌을 사귀는 공간이다   44
2 이웃 간 갈등 해결은 말보다 편지가 낫다   46
3 경비원과는 가족처럼 동행(同幸)하라   49
4 주차 매너는 나의 인품을 나타낸다   51
5 이웃과 소통하면 불편이 사라진다   52

✦ 제4장 ✦ 온언(溫言), 내 편을 만드는 따뜻한 말투

1 직장 내 갈등의 원인은 말투이다   58
2 나의 말투는 나의 평판이 된다   60
3 기분 좋은 말투가 내 편을 만든다   62
4 인사를 잘하는 것도 능력이다   64
5 칭찬과 아부는 관계를 부드럽게 한다   67
6 Z세대는 말보다 SNS로 표현한다   70

✦ 제5장 ✦ 여언(慮言), 상대를 배려하는 말투

1	자존심을 긁는 말투는 누구나 싫어한다	76
2	잘못이 있을 때는 은밀하게 혼을 내라	77
3	꼰대가 안 되려면 상대의 말을 경청하라	80
4	80점에 만족하는 상관이 멋있다	82
5	직장 내 괴롭힘 1번은 '상사의 폭언'이다	83
6	밥상머리 예절도 상관이 가르쳐야 한다	85
7	상관은 정직하고 충성스런 부하를 좋아한다	87

✦ 제6장 ✦ 예언(禮言), 친한 사이라도 예의 있는 말투

1	당신의 친구는 몇 명인가?	92
2	먼저 다가가야 좋은 친구를 얻는다	93
3	가까울수록 말조심을 해야 한다	96
4	말(言)보다 한 편의 시(詩)가 나을 때도 있다	97
5	친구 사이도 지켜야 할 '안전거리'가 있다.	99
6	조문 시에는 어떤 말을 건네야 할까?	101

✦ 제7장 ✦ 신언(愼言), 신중하고 점잖은 말투

1. 갑질 말투는 단숨에 나를 무너뜨린다 — 108
2. 말실수 잦은 공인은 말로(末路)가 좋지 않다 — 110
3. 채팅방에서 '대답을 강요하는 것'도 갑질이다 — 112
4. 부부 싸움은 결국 말투 때문에 시작된다 — 114
5. 신체적 접촉은 득(得)보다 실(失)이 크다 — 117

✦ 제8장 ✦ 애언(愛言), 사랑이 담긴 말투

1. 자녀의 미래는 부모의 말투가 좌우한다 — 122
2. 부부 싸움, 자녀에게는 폭풍과 같다 — 124
3. 음식점 직원에게는 품격 있는 말을 건네라 — 126
4. '돈 빌려달라'는 사람은 이렇게 거절해라 — 129
5. 연하 카드는 손 편지로 작성하라 — 132

맺는말 인간관계가 아무리 힘들어도 우리는 사람을 포기할 수 없다   135

머·리·말

◆

"성공은 인간관계가 좌우하고,
인간관계는 말투가 좌우한다."

◆

사람들은 성공하기를 원한다.
그래서 성공한 사람들의 비결을 알고 싶어 한다.
성공한 사람들은 어떤 공통점을 가지고 있을까.

성공의 비밀을 밝혀내기 위해
지금도 많은 연구가 진행되고 있다.
학자들의 연구 결과에 의하면 성공한 사람들은
사람들과의 관계를 중요하게 생각한다는 것이다.

미국의 '카네기재단'에서 사회적으로 성공한
1만 여 명을 대상으로 설문 조사를 실시했다.
"당신이 성공한 비결은 무엇입니까?"라는 질문에

**응답자의 85%가 "나의 성공 비결은 인간관계를
잘했기 때문"이라고 응답했다고 한다.**

1938년부터 미국인 724명의 삶을 추적하면서
지금도 계속 연구하고 있는 하버드대학교 연구팀은
2017년에 중간 연구 결과를 발표했다.
연구팀은 **"삶을 가장 윤택하게 만드는 것은
좋은 인간관계이며, 인간관계는 양보다 질이
중요하다"** 는 사실을 밝혀냈다.

어떤 분야에서 성공하려면 인간관계가 중요하다.
무엇보다도 내 편을 많이 만들어야 한다.
어떻게 하면 내 편을 많이 만들 수 있을까.
결국은 말투이다. 말투가 인간관계와 성공을 좌우한다.

사람은 하루에 얼마나 많은 말을 할까.
아침에 일어나서 출근하면서부터 퇴근할 때까지
우리는 여러 사람을 만나 많은 대화를 나눈다.
사람이 하루에 사용하는 단어 수를 확인하는
여러 가지 연구가 있다.

미국의 애리조나대학교의 마티어스 멜 교수는
남녀 대학생을 대상으로 하루에 사용하는 단어 수를
확인한 결과 여학생은 1만 6,215단어, 남학생은
1만 5,669단어로 통계학적으로 큰 의미가 없음을 확인했다.

신경정신학자인 루안 브리젠딘은 『여성의 뇌
(The Female Brain)』라는 책에서
여성은 하루 평균 2만 단어를 말하고,
남성은 7천 단어를 말한다고 주장했다.
이 차이는 남녀의 뇌 구조와 화학적 구성이
다르기 때문이라고 주장했다.

학자들의 연구에 의하면 사람이 하루에 평균적으로
사용하는 단어 수는 정확하게 말할 수는 없지만
적은 사람은 수천 단어, 많은 사람은 약 2만 단어
이상을 사용한다고 볼 수 있다. 이들이 사용하는
단어 중에는 긍정적인 단어도 있을 것이고,
부정적인 단어도 있을 것이다.

사람의 말투나 행동은 자신의 생각이나
습관을 토대로 나오기 때문에 항상 밝고

긍정적으로 생각하는 것이 중요하다.

영국 수상 마가렛 대처는 이렇게 이야기했다.

> "생각을 조심하라, 말이 된다.
> 말을 조심하라, 행동이 된다."

> "행동을 조심하라, 습관이 된다.
> 습관을 조심하라, 성격이 된다."

심리학에서는 믿음을 토대로 하는 상상을
심상법이라고 한다. 이는 우리가 생각하고,
상상하는 대로 현실에서 이루어진다는 것이다.
인간의 뇌는 생각하는 방향으로 움직이기 때문에
긍정적 생각은 긍정적 결과를 낳고, 부정적 생각은
부정적 결과를 낳는다. 우리의 행동이나 말투도
생각을 토대로 나오는 것이기 때문에 항상
긍정적으로 생각해야 한다.

긍정적이고, 품격 있는 말투를 사용한다면
우리의 대인 관계는 좋아질 수밖에 없다.

세상에는 돌아오지 않는 3가지가 있다.
시위를 떠난 화살, 지나가버린 시간, 입 밖으로 나간 말.
특히, 입 밖으로 나간 말은 스스로 책임을 져야 한다.
레오 톨스토이는 "혀끝까지 나온 나쁜 말은
내뱉지 않고, 삼켜버리는 것. 그것이 세상에서
가장 좋은 음료이다."라고 말했다

최근 우리 사회는 지도층 인사들의 갑질 말투,
성희롱 말투, 인격 비하 말투 등 말실수 때문에
큰 파장을 일으키는 사례가 많이 발생하고 있다.
한순간의 말실수 때문에 지금까지 어렵게 쌓아 온
성공이나 명성이 한 순간에 무너지는 것을 자주 본다.
성공은 이루기도 어렵지만
그 성공을 지켜내는 것은 더 어렵다.
이를 위해서는 말실수를 줄이는 것이 중요하다.

이 책에서는 우리가 사회생활을 하면서
만나게 되는 수많은 사람과 다양한 상황 속에서
말하는 Know How를 소개하고 있다.
상대에게 상처를 주지 않으면서 상대의
호감을 얻을 수 있는 말투, 상대를 내 편으로

만들 수 있는 말투, 내가 원하는 것을 얻을 수 있는 말투,
일상생활 속의 공감 말투 등에 대해서
저자의 경험과 사례 등을 제시하고 있다.

어제 당신이 사용한 말투를
오늘 그대로 다시 사용하면서
당신의 내일이 달라지리라고 기대하면 안 된다.
이 책을 읽고 당신의 말투를 긍정적으로,
품격 있게 바꾼다면 당신의 미래에도
놀랄 만한 커다란 변화가 일어날 것이다.

저자 **김 정 천**

제1장

말투는 왜 중요한가?

말투는 개인의 성공뿐만 아니라 인간관계에도 영향을 미친다.
미국 하버드대학교의 위건(Wiggan) 박사는
사회생활에서 '전문 지식의 부족보다 인간관계를 잘못했기 때문에'
실패한 비율이 85%나 된다고 주장했다.
결국 성공은 인간관계가 좌우하고,
인간관계는 말투에 의해 좌우된다.

1 ' 말투는 그 사람의 품격이다 '

　　　　　　　말투는 말하는 사람의 버릇이나 모습을 말한다. 우리는 상대방의 말투에서 그 사람의 성격이나 품성을 어느 정도 판단할 수 있다. 말투는 우리말 말 자(字)와 한자(漢字) 덮을 투(套)의 합성어로 말의 덮개나 모양 또는 말의 그릇이란 뜻이다.

　　말과 관련된 한자(漢字)를 보면 입구(口) 자(字)가 들어가 있는 단어가 많다. 예를 들면 말씀 언(言) 자(字)는 두이(二) 자(字) 두 개와 입구(口)로 구성되어 있다. 이는 말을 하기 전에 두 번 생각하고 해야 바른 말이 된다는 의미를 담고 있는 것이라 생각한다. 또 말씀 어(語) 자(字)를 보면 말씀 언(言) 자(字)와 다섯 오(五), 입 구(口) 자(字)로 구성되어 있는데, 아마도 입으로 말을 하기 위해서는 두 번 세 번을 넘어 다섯 번 이상을 생각하고 해야 말씀이 된다는 의미가 아닐까.

　　또 속일 궤(詭) 자(字)는 말씀 언(言) 자(字)와 위태로울 위(危) 자(字)로 구성되어 있는데, 이는 내가 하는 말이 위태해지면 남을 속일 수 있다는 의미를 담고 있다고 생각한다. 거짓 와(訛) 자(字)는 말씀 언(言) 자(字)와 될 화(化) 자(字)로 구성되어 있는데, 이는 말이 안 되는 것을 말이 되게 하려면 어쩔 수 없이 거짓말을 해야 된다는 의미가 내포되어 있는 것 같다.

　　사람의 말투를 보면 그 사람의 인품(人品)을 알 수 있다는 말이 있다. 인품(人品)은 사람의 품격이나 됨됨이를 말하는데, 한자 사람 인(人) 자(字)와 인품 품(品) 자(字)로 구성되어 있다. 인품 품(品) 자(字)는 입 구(口) 자(字) 세 개로 구성되어 있는데, 이는 입으로부터 나오는 여러 말들이 모이면 그 사람의 품성이 된다는 의미일 것이다. 이와 같이 말투는 사람의 품성을 평가하는 기준이 될 뿐만 아니라 우리의 대인 관계에도 많은 영향을 미치기 때문에 평소부터 좋은 말투, 긍정적 말투, 희망적 말투를 사용하는 습관을 가져야 한다.

'명심보감(明心寶鑑)에 이런 말이 있다.

"이인지언, 난여면서(利人之言, 煖如綿絮)"
"상대방을 행복하게 해주는 말 한마디는 따뜻하기가 솜이불과 같다."

2 ' 말투가 인간관계를 좌우한다 '

좋은 인간관계를 만들려면 상대에게 품격 있는 말투를 사용하여야 한다. 사람의 첫인상은 시각적 요소(보디랭귀지, 눈빛, 얼굴 표정, 시선), 청각적 요소(소리의 크기, 음정, 빠르기), 언어적 요소(무슨 말을 하는가?)에 의해 결정된다고 한다.

미국의 심리학자 메라비언((Mehrabian)은 자신의 저서『침묵의 메시지』에서 '7:38:55 법칙'을 발표했다. **"사람의 첫인상은 언어적 요소 7%, 청각적 요소 38%, 시각적 요소 55%에 의해 결정된다"**고 주장했다. 즉 말의 소리보다 행동의 소리(보디랭귀지, 소리의 크기와 높낮이 등)가 중요하다고 주장했다. 즉, 우리가 사람을 만나 대화 시 언어적 표현으로 7% 정도를 전달할 수 있고, 비언어적 표현에 의해서 93%가 전달된다는 것이다. 사람을 만나 대화 시에는 언어적 표현도 중요하지만 비언어적 표현인 미소, 제스처, 맞장구치기, 고개 끄덕이기, 아이 콘택트(Eye Contact) 등도 중요하기 때문에 적절히 사용해야 상대와 좋은 커뮤니케이션을 할 수 있다.

말투는 개인의 성공뿐만 아니라 인간관계에도 영향을 미친다. 미국 하버드대학교의 위건(Wiggan) 박사는 직장 생활이나 가정생활 등에서 실패한 사람들의 원인을 분석해 보았더니 '전문 지식의 결여보다 인간관계를 잘못했기 때문에' 실패한 비율이 85%나 되었다고 한다. 또 카네기 재단에서는 미국에서 성공한 1만 명을 대상으로 한 설문 조사에서 "당신이 성공한 비결은 무엇입니까?"라고 질문했더니 응답자의 85%가 '나의 성공 비결은 인간관계를 잘했기 때문'이라고 답했다고 한다.

직장 생활이나 사회생활에서 직무 지식이나 전문성이 중요한 평가 요소이긴 하지만 그보다 더 중요한 것이 인간관계라는 사실이 각종 연구나 사례에서 확인되었다. 인간관계는 결국 말투에 의해 좌우된다고 생각한다. 성공한 사람들의 말투는 어땠을까? 아마도 긍정적이고, 희망적이고, 칭찬이 섞인 배려심 깊은 말투를 사용했을 것으로 판단된다. 대인 관계를 잘하기 위해서는 상대에게 호감을 줄 수 있는 말투를 구사해야 하는데 어떻게 하면 상대의 마음을 얻을 수 있을까.

첫째, 상대의 말을 경청해야 한다. 말을 잘하는 것보다 말을 잘 듣는 것이 중요하다. 상대가 어떤 말을 하면 귀로, 눈으로, 마음으로 들어야 상대를 내 편으로 만들 수 있다. 상대가 영화 이야기를 하면, "어떤 장면이 기억에 남아요?", "나도 꼭 보고 싶네요." 등 상대와 한마음이 될 수 있도록 상대의 말에 집중해야 한다.

둘째, 상대와 대화할 때는 질문을 잘해야 한다. 질문은 어렵게 생각하지 말라. 상대의 말이 끝나는 부분을 공감하면서 질문하면 된다. 상대가 상관의 폭언 때문에 마음이 많이 상했다고 말한다면, "네, 저라도 속이 많이 상했을 것 같네요."라고 상대와 한 편이 되면서 공감해 주면 된다.

셋째, 상대에게 조언을 구하고, 상대를 칭찬해 주는 말투도 상대에게 좋은 인상을 남길 수 있는 방법이다. 어떤 문제나 이슈에 대해서 상대에게 질문하고, 상대가 이야기하면 공감해 주고, 상대의 의견에 동조해 주면 상대에게 좋은 감정을 남길 수 있다. 상대가 수영을 좋아하면 "수영 전문가라고 들었는데, 처음 수영을 시작할 때 주의해야 할 점이 무엇이 있나요?"라고 질문만 해도 상대는 당신에게 좋은 이미지를 가지게 될 것이다.

"넷째, 상대와 이야기를 할 때는 미소와 고개 끄덕이기, 맞장구 등으로 응대해 주어야 한다. 이는 곧 '나는 당신의 말에 공감한다'는 인상을 줄 수 있는 비언어적 표현으로 이를 많이 사용해야 상대와 좋은 커뮤니케이션을 할 수 있다.

이처럼 말투는 상대의 마음을 얻어 내 편을 만들고, 나의 대인 관계를 한층 더 넓혀주는 역할을 하며, 나의 성공을 예약해 주는 중요한 역할을 한다.

3   ' 53년간의 재상 자리, 말투가 지켰다 '

　　　　　　　우리는 살면서 상대의 말투 때문에 속상하기도 하고, 또 내가 상대에게 말실수를 하여 상대에게 마음의 상처를 주는 경우도 있다. 왜 사람들이 말실수를 할까? 아마도 근본적인 원인은 자기 존재를 과시하고 싶은 욕심 때문일 것이다. 말은 글보다 영향력이 크고, 한번 내뱉으면 주워 담기가 어렵고, 눈 깜박할 사이에 천리를 달려간다. 또 내가 내뱉은 부정적인 말은 부메랑처럼 비수가 되어 나에게 꽂히기 때문에 항상 주의해야 한다.

　후당(後唐) 때 풍도(馮道)라는 재상이 있었다. 그는 다섯 왕조에 걸쳐 53년간 11명의 임금을 섬겼다고 한다. 혼란과 격동의 역사 속에서 긴 세월 동안 출세가도를 달린 비결에 대해 그는 설시(舌詩)를 통해 우리에게 교훈을 던져주고 있다.

　　　口是禍之門(구시화지문), 舌是斬身刀(설시참신도)
　　　閉口深藏舌(폐구심장설), 安身處處牢(안신처처뢰)

　　"입은 재앙을 불러들이는 문이요, 혀는 몸을 자르는 칼이다."
　　"입을 닫고 혀를 깊이 감추면, 가는 곳마다 몸이 편안하리라."

　풍도가 오랜 기간 동안 공직에 있을 수 있었던 이유는 바로 혀와 입을 조심했기 때문이다. 한자로 혀를 뜻하는 혀 설(舌)자는 일천 천(千)과 입구(口)자로 이루어져 있다. 혀는 천 개의 입과 같다는 의미일 것이다. 그만큼 말은 많이 생각하고 또 생각한 후에 입 밖으로 내뱉으라는 뜻일 것이다.

불교의 『잡보장경(雜寶藏經)』의 무재칠시(無財七施), 즉 재산이 없어도 베풀 수 있는 7가지가 있는데, 여기에도 말로 베풀라는 언시(言施)가 있다. 말로 하는 보시다. 즉, 부드럽고 다정한 말투로 상대방을 감동시키고, 사랑하고 칭찬하라는 것일 것이다. 그 외에도 밝은 얼굴(和顏施, 화언시), 따뜻한 마음(心施, 심시), 호의를 담은 눈(眼施, 안시), 남을 돕는 것(身施, 신시), 자리 양보(座施, 좌시), 상대의 마음을 헤아리는 것(察施, 찰시) 등이 있다.

우리는 항상 긍정적이고, 희망적인 말을 많이 해야 한다. 부정적인 말은 부정적인 행동으로 이어지고, 그 행동의 결과도 좋지 않을 경우가 많기 때문이다. 반대로 긍정적이고 희망적인 말투는 긍정적인 결과는 물론 우리 주변을 밝게 만들어 주는 활력소가 된다. 성공하려면 지금 당장 당신의 말투를 조금씩 긍정적으로 메이크업해야 한다.

4 ' 사람은 하루에 몇 마디를 할까? '

사람이 하루에 평균적으로 사용하는 단어는 얼마나 될까. 이에 대한 학자들의 연구 결과는 다소 차이가 있다. 남자가 말을 많이 한다는 주장도 있고, 반면에 여자가 말을 많이 한다는 주장도 있다.

이 결과는 연구 방법과 분석 방법의 관점이 다르기 때문일 것이다.

미국의 애리조나 대학에서 심리학을 가르치고 있는 마티어스 멜 교수는 남녀 대학생 396명을 대상으로 10일 동안 하루에 사용하는 단어 수에 대하여 실험한 결과, 이들이 하루에 평균적으로 사용하는 단어 수는 여학생이 1만 6,215단어, 남학생이 1만 5,669단어였다. 남녀가 사용하는 단어 수 차이는 546단어로 통계적으로 큰 의미가 없음을 확인하였다. 이 실험은 '여성이 남성보다 수다스럽다'는 일반적인 시각과는 다른 결과를 보여주었다.

반면 신경정신학자인 루안 브리젠딘은 『여성의 뇌(The Female Brain)』라는 책에서 여성은 하루 평균 2만 단어를 말하고, 남성은 7천 단어를 말한다고 주장했는데, 이 차이에 대해서 그는 "남녀의 뇌 구조와 화학적 구성이 다르기 때문"이라고 주장했다. 그는 남자의 뇌는 여성의 뇌보다 크지만 감정과 기억 구성을 담당하는 부위는 여성이 크다고 주장하면서 "여성은 감정 처리를 위해 8차선 고속도로를 가지고 있지만 남성은 좁은 시골길 하나만 있을 뿐이다."라고 주장했다.

미국의 캘리포니아 대학교 산타크루스 캠퍼스 연구팀이 1960년부터 2005년까지 1,000여 명의 정신 건강 연구를 분석한 결과는 남자가 여자보다 말을 많이 한 것으로 나타났다. 연구팀의 캠벨 리퍼 박사는 "사회적 책임을 맡아 온 남자들은 권력욕과 성취욕이 강해서 새로운 사람과 더 많이 대화하고 관계를 맺어야 한다는 욕구가 컸기 때문에 전통적으로 여자보다 말이 많았다"고 주장하면서, "여자는 대화를 통해 감정을 전달하고 편안함을 느끼는 것을 중요하게 여겨 수다스럽다고 알려진 것"이라고 주장했다. 또 리퍼 박사는 "최근 여자의 사회 진출이 증가하고 있는 반면 남자는 더욱 감성적으로 변하고, 사회 영향력도 점차 감소하고 있어 과거에 비해 말수가 줄어들고 있다."고 주장한다.

위의 여러 연구처럼 우리는 매일 다양한 사람들과 관계를 맺으면서 많은 말을 하면서 살아간다. 말을 많이 한다는 것은 말실수를 할 가능성을 내포하고 있다. 그렇기 때문에 말은 항상 몇 번 생각하고, 신중하게 해야 한다. 입속에 있을 때의 말은 내가 통제할 수 있지만 입 밖으로 한 번 나간 말은 내가 통제할 수 없다. 때로는 내가 내뱉은 말 때문에 책임을 져야 할 경우도 있다. 그래서 예부터 선조들은 '세 번 생각하고 말하라'를 강조한 것 같다.

5 ' 우리 속담에도 말 관련 내용이 많다 '

'가는 말이 고와야 오는 말이 곱다', '밤말은 쥐가 듣고 낮말은 새가 듣는다', '발 없는 말이 천리까지 간다', '말 한 마디로 천냥 빚을 갚는다', '말이 씨가 된다' 등 말에 관한 낳은 속담이 있다. 왜 우리 속담에 말과 관련된 내용이 많을까. 아마도 말이 사람 사이에 그만큼 중요하기 때문에 후손들에게 말조심을 해야 한다는 교훈을 주기 위해서 말과 관련된 속담을 많이 사용한 것이 아닐까 생각해 본다. 말과 관련된 속담에는 우리 선조들의 지혜가 담겨 있는 것 같다. 몇 가지 살펴보면 재미도 있고, 울림을 주는 내용이다.

'가는 말이 고와야 오는 말이 곱다'의 의미는 쉽게 이해가 된다. 내가 먼저 남에게 좋은 말을 해야 상대방도 나에게 좋은 말이 돌아온다는 평범한 진리다. 상대를 칭찬해 주면 상대도 나를 칭찬하게 되어 있고, 내가 상대를 비난하면 상대도 언젠가 나를 비난하게 되어 있다. '말 한마디로 천 냥 빚도 갚는다'는 뜻은 말만 잘해도 어려운 일이나 불가능해 보이는 일도 해결할 수 있다는 의미일 것이다. 특히 거래나 중요한 협상 시 내가 하는 말은 상당히 많은 영향을 미친다. 내가 하고 싶은 말을 미리 신중하게 생각하여 상대의 마음을 열게 하는 말을 한다면 그 협상을 성공할 것이다.

'낮말은 새가 듣고, 밤말은 쥐가 듣는다'는 속담은 우리 선조들의 지혜가 일품인 것을 엿볼 수 있다. 이는 언제 어디서나 아무도 없는 곳이라도 내가 한 말은 새어나가기 때문에 항상 말조심하면서 생활하라는 의미일 것이다. "이것은 비밀인데 너에게만 말한다"고 하는 경우가 있는데, 이 비밀은 말하는 순간 그 비밀은 이미 비밀이 아니다. 곧 누구나 다 알게 되어 있다. '말이 씨가 된다'는 속담은 과학적 근거가 있는 것 같다. 우리가 어떤 말을 하기 전에 생각을 하게 되고, 그 생각은 뇌에 입력되어 우리의 말과 행동에 영향을 미치기 때문에 항상 말조심을 해야 한다는 교훈을 내포하고 있다.

'피그말리온 효과'라는 것이 있는데, 이는 진정으로 무엇인가를 기대하거나 원한다면 이룰 수 있다는 것이다. 피그말리온이라는 조각가가 아름다운 여인상을 조각하고, 그 여인상을 진심으로 사랑하게 되었는데, 이에 감동한 여신(女神) 아프로디테가 여인상 갈라테이아에게 생명을 불어 넣어주어 부부의 인연을 맺어준다는 내용이다. 이는 간절히 원하면 무엇이든지 이룰 수 있다는 것을 우리에게 말해주고 있다.

후한시대에 양진(楊進)이라는 관리가 한밤중에 방에서 몰래 뇌물을 주면서 부하가 "이 방에는 우리 둘밖에 없으니 받아주시지요"라고 하는 부하 관리에게 이렇게 말했다. "하늘이 알고 땅이 알고 네가 알고 내가 안다.(天知,地知,子知,我知)". 즉 세상에는 비밀이 있을 수 없다는 교훈을 말해주고 있다.

'웃느라 한 말에 초상 난다'는 속담은 아무 생각 없이 농담으로 한 말이 듣는 사람에게는 치명적인 영향을 주어 마침 죽게 한다는 의미로 말을 매우 조심하라는 교훈을 우리에게 던져주고 있다. '군말이 많으면 쓸 말이 적어진다'의 의미는 하지 않아도 될 말을 많이 하게 되면 그만큼 쓸 말은 적어지니 쓸데없는 말을 하지 말라는 의미를 내포하고 있다. '살은 쏘고 주워도 말은 하고 못 줍는다'는 속담 그대로 화살은 쏘고 다시 주워 올 수 있으나, 말은 한 번 하고 나면 다시 수습할 수 없다는 의미로 '엎지른 물은 다시 못 담는다'와 일맥상통하는 속담이다.

우리 속담에 녹아 있는 선조들의 일상생활 속의 지혜를 실천하여 말실수도 줄이고, 내 편도 많이 만드는 말투를 사용하면 우리의 대인 관계는 지금보다 훨씬 더 윤택해질 것이다.

6 '동물들은 어떤 말투를 사용할까?'

　　　　　　　　TV 프로그램 '동물의 왕국'에서 동물들도 서로 의사소통을 하면서 생활한다는 프로그램을 본 적이 있다. 동물들은 자기의 영역에 다른 포식자나 침입자가 접근하면 자기들만의 고유한 소리를 내면서 동료들에게 위험을 전파한다고 한다. 예를 들면, 버빗원숭이는 공중에서 독수리가 나타나는 경우와 지상에서 큰 뱀이 나타나는 경우에 서로 다른 의사소통 체계로 위험 상황을 전파한다는 동물학자들의 연구도 소개되었다.

　생긴 것이 똑같아 보이는 물개는 어떻게 자기의 새끼를 알아볼까? 어미 물개는 사냥할 때 새끼 물개들을 집단으로 한곳에 새끼 물개들을 모아두었다가, 사냥을 마치고 돌아와서 자기 새끼를 찾는데 만약 어미가 새끼를 못 찾으면 그 새끼는 죽게 된다. 또 새끼 물개가 집단의 무리에서 이탈하게 되면 위험에 빠지게 된다고 한다. 새끼 물개는 어미의 목소리를 기억해야 하고, 어미는 새끼의 목소리를 기억해야 한다고 한다.
　물개 연구학자 연구에 의하면 물개는 어미와 새끼 간에는 사람의 지문처럼 서로 고유한 목소리를 가지고 있는데, 이를 서로 익혀 가면서 서로를 확인한다는 것이다. 그들이 자기의 가족을 구분하는 방법은 소리의 높낮이와 길이(진폭 변조, 주파수 변조와 비슷)로 구분한다는 것이 밝혀졌다. 많은 물개 무리 가운데 자기의 새끼를 찾는 비밀은 그들만의 독특한 의사소통 체계(외침 소리)가 구축되어 있기 때문에 가능하다는 것이다.

또 아프리카 동물 중에서 사냥 성공 확률이 가장 높다는 리카온이라는 아프리카 들개가 있는데 성공률이 70%나 된다고 한다. 어떻게 사냥하길래 그렇게 높은 성공률을 보일 수 있을까? 동물학자들의 연구에 의하면 리카온은 함께 먹고, 놀기 때문에 강한 유대감을 가지고 있는 것이 특징이라고 한다. 우물을 찾거나 사냥을 결정할 때도 재채기하는 방법으로 투표하는 집단 의사 결정 방식을 채택한다고 한다. 이들이 사용하는 의사소통 방식은 10가지가 넘는 것으로 연구자들은 분석하고 있다.

이와 같이 동물들도 의사소통 체계를 구축하고 있는데, 하물며 우리 사람은 왜 같이 생활하면서 의사소통에 문제가 발생할까. 자기가 하고 싶은 말만 하고, 상대는 듣고 싶은 말만 듣기 때문에 의사소통에 문제가 생긴다. 특히 상대가 말할 때 진심으로 경청하는 자세가 중요하다. 내가 열심히 이야기하고 있는데 상대가 스마트폰을 만지작거리거나 엉뚱한 곳을 바라보면서 나에게 집중하지 않는다면 당신은 상대를 어떻게 평가할까. 아마 다시는 만나고 싶지 않은 사람이라고 생각할 것이다. 내가 상대의 말에 집중하면 상대방도 나에게 집중하게 될 것이고, 대화 내용을 서로 공감하게 되면 어떠한 대화도, 어떤 문제도 잘 해결할 수 있을 것이다.

제2장

호언(好言), 첫인상을 돋보이게 하는 말투

심리학 용어에 '초두효과(primacy effect)'가 있다.
이는 **'처음 입력된 정보가 나중에 습득하는 정보보다 더 큰 영향력을 발휘하는 것'**으로 우리의 대인 관계에도 적용이 된다.
첫인상을 좋게 보이기 위해 복장이나, 용모, 말투, 상대에 대한 배려 등을 통해 상대방과 좋은 커뮤니케이션을 유지할 수 있도록 노력해야 한다.

1   ' 3초의 첫인상, 영원히 기억된다 '

처음 만나는 사람을 위해 당신은 어떤 준비를 하는가? 대부분 사람들은 어떤 사람을 만날 때 그 사람의 나이, 직업과 직책, 성격, 기호, 미팅의 목적 등을 사전에 확인한다. 상대를 연구한다는 것은 상대를 내가 원하는 방향으로 주도하기 위해서이다. 즉 상대를 내 편으로 만들기 위한 노력이다.

상대를 내 편으로 만들기 위해서는 무엇이 필요할까. 나는 상대에 대한 칭찬이 중요하다고 생각한다. 남녀노소를 불문하고 자기를 칭찬하면 쑥스럽게 생각하지만 대부분 좋아한다고 한다. 상대를 칭찬하려면 만나는 상대에 대한 정보가 많아야 한다. 예를 들면, 상대가 대기업에 다닌다면 그 기업 관련 신문 기사나 해당 기업의 홈페이지에 들어가면 상대방이나 회사에 대한 어느 정도의 정보를 얻을 수 있다. 반대로 상대에 대한 정보가 부족할 경우는 상대를 만나는 순간부터 칭찬할 내용을 잘 관찰하면서 찾으면 된다. 상대방의 외모나 헤어스타일, 넥타이 색상, 옷차림새, 안경 모양, 액세서리 등에 대해 칭찬거리를 만들면 된다.

심리학 용어에 '초두효과(primacy effect)'가 있다. 이는 처음 입력된 정보가 나중에 습득하는 정보보다 더 큰 영향력을 발휘하는 것으로 이는 우리의 대인 관계에도 적용이 된다. 첫 만남에서 느낀 인상이나 외모, 말투, 분위기, 옷차림 등이 그 사람에 대한 고정관념을 형성하게 되어 대인 관계에도 많은 영향을 미친다. 첫인상은 3초면 결정된다고 보는 사람도 있다. 첫인상이 부정적이면 이를 긍정적으로 바꾸는 데 200배의 정보량이 필요하다는 주장도 있다.

취업 포털 '사람인'에서 인사 담당자 335명을 대상으로 설문한 결과 신입 사원 면접 시 '첫인상이 좋아서' 선발한 비율이 65.7%였다. 첫인상을 결정한 시간은 평균 3분 소요된 것으로 나타났으며, 1분 내에 결정한 비율이 25.1%, 5분 이내 결정한 비율이 24.2%, 3분 이내 결정한 비율이 13.7%, 10분 이내 결정한 비율이 11.3%로 나타났다.

첫인상을 좋게 하기 위해서는 상대를 칭찬하는 긍정적인 말투가 중요하다. 나이가 많은 상대는 '젊어 보인다', '건강해 보인다', '패션 감각이 뛰어나다'는 말을 좋아한다고 한다. 여성은 '젊어 보인다', '미인대회에 나가도 되겠다', '모델 누구를 닮은 것 같다'는 말이 무난할 것 같다. 또한 상대방에 대한 칭찬거리는 대화를 하는 동안에도 얼마든지 찾아낼 수 있다. 상대가 취미를 이야기하면 그 취미에 관심을 가지고 질문하고, 공감하고, 관심을 가져주고 칭찬하면 된다. 반대로 상대가 어떤 문제에 대해 의견을 나타내면 가능하면 긍정적으로 공감하는 것이 중요하다.

일반적으로 첫 만남에서 정치 이야기나 종교 이야기, 가족 이야기, 개인 프라이버시와 관련된 이야기는 하지 않는 것이 좋다. 이는 상대와 가까워지는 것이 아니라 잘못하면 다시 만날 수 없는 이유가 될 수 있기 때문이다.

2   ' 첫인상은 '사소한 것'에 의해 결정된다 '

모 일간지에 보도된 내용이다. 서울의 S호텔에서 30년간 근무하다가 정년퇴직 후 모 특급 호텔에 특채되어 객실 팀 지배인을 맡고 있는 K지배인은 서비스의 장인(匠人)으로 불린다. 호텔업계에서는 전설의 도어맨으로 유명한 사람이다. 그는 도어맨으로서 호텔 입구에서 하루에 수백 번 인사를 하면서 고객을 맞이한다고 한다.

도어맨 출신 K지배인이 말한 서비스의 차이는 '큰 것보다 작은 것, 대단한 것보다 사소한 것, 즉 디테일(detail)'이었다. 그가 실천하는 것도 사소한 것이었다. 주요 고객의 차량 번호 기억하기, 언론에 보도되는 그들의 승진이나 이동 등을 꼼꼼히 메모하는 것이었다. 어제 대표 이사로 취임한 단골 고객이 호텔 로비에 도착했을 때, "어서 오십시오. 대표 이사님! 취임을 축하드립니다."라고 인사한다면 사소하지만 누구도 제공할 수 없는 최고의 서비스가 아닐까. 어떻게 보면 간단해 보이는 일들이지만 이렇게 사소한 것들이 호텔의 이미지를 결정하게 되고, 고객들이 다시 이 호텔을 찾게 하는 마력이 될 것이다.

몇 년 전에 『디테일의 힘』이라는 책을 읽었는데, 지금도 생각나는 내용 중에 바이어를 맞이하는 일본 샐러리맨의 디테일에 대한 내용이다. 이 샐러리맨은 중요한 바이어를 일본으로 초청할 때는 항공기 좌석 예약까지 신경을 쓴다는 내용이다. 물론 좌석은 비즈니스석이나 일등석이겠지만 이 샐러리맨이 비행기 좌석표와 함께 보내는 편지의 내용이 상대의 마음을 감동시킬 수 있는 내용이었다. '미스터 K씨! 당신의 일본 방문을 환영합니다. 일본 방문에 대한 추억을 만들어 드리기 위해 저는 비행기가 착륙하고, 이륙할 때 일본의 상징인 후지산을 보실 수 있도록 A번과 B번 좌석을 예약했습니다. 착륙하실 때 멋진 후지산을 구경하시기 바랍니다. ○월 ○일, 15:00시에 공항에서 뵙겠습니다.'

이 편지를 받아 본 바이어의 마음은 어떨까. 아마도 방문할 회사에 대한 첫인상은 일단 합격점을 주지 않았을까. 이처럼 첫인상을 결정하는 것은 대단한 것이라기보다는 사소한 것, 작은 것에 의해 결정된다. 상대에게 좋은 첫인상을 남기려면세심한 배려와 준비 등 남다른 정성과 노력이 필요하다.

3 '옷차림이 첫인상을 좌우할 수 있다'

정치인이나 연예인, CEO 등을 대상으로 베스트 드레서에 선정되는 사람들은 대체로 자기 분야에 성과도 많을 뿐만 아니라 인지도도 높은 경우가 많다. 옷을 잘 입는다는 것은 자기 관리도 그만큼 잘한다는 의미도 포함된다. 우리가 입는 옷은 우리 자신을 표현하고 있다. 외교관들은 대체로 무게가 있는 색상을 많이 입는다. 결혼식이나 장례식도 엄숙한 자리이기 때문에 검정색 등 무게기 있는 색상을 입는다. 우리가 입는 옷 색상도 상황에 따라 만나는 상대에 따라 잘 선택해야 한다.

우리가 입는 옷의 스타일은 크게 비즈니스 정장과 캐주얼 2종류이나.

비즈니스는 자기보다 상대를 위하여 입는 옷이고, 캐주얼은 자기를 위해 입는 옷이라고 한다. 일반적으로 비즈니스 정장의 색상은 그레이나 네이비가 무난하고, 와이셔츠는 흰색 계통으로 하는 2컬러(color)가 기본이며, 넥타이 색상을 다른 색상으로 하면 3컬러(color)인데, 통상 3컬러(color) 이내로 하는 것이 상대방에게 자기를 돋보이게 할 수 있는 기본 형태이다.

구두는 줄이 있는 구두를 신는 것이 기본이다. 캐주얼 복장은 정장과의 비율을 3:7로 하는 것이 무난하다고 전문가들은 말한다. 자기의 특성에 맞는 스타일을 확인해서 미리 준비해 놓는다면 옷을 선택하는 시간을 줄이는 데도 좋을 것이다. 가수 박진영이 어느 방송에서 인터뷰하는 것을 보았는데, 그는 시간을 아끼기 위해 바지는 고무줄로 되어 있는 것으로 주로 입고, 신발은 끈을 매지 않는 신발을 신는다고 했다. 페이스북 창립자 저크버그도 매일 똑같은 옷을 입는다는 신문 기사를 읽은 적이 있다. 그는 언제나 회색 티셔츠만 즐겨 입는 것으로 유명한데, 그가 이를 고집하는 이유는 "가능한 페이스북의 커뮤니티를 위한 일에만 집중하고 싶기 때문"이라고 했다. 다시 말하면 어떤 옷을 입을지, 어떤 구두를 신을지, 식사 메뉴는 무엇으로 할지 등을 고민하는 대신에 자기가 하는 일에 집중하는 것이 중요하고, 가치가 있는 일이라고 생각하기 때문일 것이다.

옷을 남다르게 입기 위해서는 자기의 생각을 고집하지 말고, 패션 잡지를 참고하든지, 패션 감각이 있는 친구의 조언을 받든지, 매장의 패션 스타일리스트에게 조언을 구하는 방법도 좋은 방법이다. 직장이나 각종 모임에서 옷을 잘 입는 것만으로도 자기를 나타낼 수 있는 큰 경쟁력이 될 수 있다. 나도 베스트 드레서(best dresser)가 될 수 있다는 자신감을 가지고 분위기와 상황에 맞는 멋진 옷을 입는 습관을 가지는 것도 대인 관계를 원만하게 하는 하나의 방법이다. 지금부터라도 당신의 옷차림새에 신경을 쓰는 습관을 가져보기 바란다.

4 '잘못된 첫인상은 만회할 수 있을까?'

일반적으로 사람의 첫인상은 3~5초 내에 결정된다고 한다. 하지만 짧은 시간에 한 번 각인된 첫인상의 이미지를 바꾸는 데는 많은 시간이 걸린다고 한다. 그러면 한 번 잘못된 첫인상을 바꾸는 방법은 없을까.

미국의 코넬대학교 연구팀은 첫인상에 대한 편견을 지우고, 새로운 인상을 심어줄 수 있는 기회를 도모하기 위해 '잘못된 첫인상 만회법' 실험을 실시했다. 약 200명이 이 실험에 참가했는데, 실험 상황은 K라는 남성이 이웃집을 무단 침입하는 장면을 범인 식별용 사진과 함께 보여주었다. 이후에 실험 참가자들의 평가와 반응을 확인한 결과 K라는 남성은 나쁜 사람일 것이라는 평가가 나왔고, K는 인상이 나쁜 사람으로 실험 참가자들에게 각인되었다.

실험팀에서는 K라는 남성에 대한 인상을 긍정적으로 바꾸기 위해서

K가 과거에 교통사고를 당한 어린이를 구했다는 정보 등을 제공하였지만 실험 참가자들의 선입견은 변하지 않았다고 한다. 연구팀에서는 K가 나쁜 사람으로 평가하게 된 사건을 바꾸기 위해서는 즉, K의 첫인상을 바꾸기 위해서는 새로운 관점으로 볼 수 있는 정보를 제공해야 된다고 주장했다.

그래서 실험팀에서는 K에 대한 추가적인 정보를 제공해 보았다. 'K는 화재 때문에 이웃을 침범했다'는 정보와 '어린 딸을 안고 이웃으로 탈출했다'는 정보를 제공하자 실험 참가자들의 K에 대한 부정적 인식이 긍정적으로 변화했다고 한다.

이와 같이 처음 편견을 가지게 된 사건을 재조명하면 처음 잘못 각인된 첫인상을 만회할 수 있다고 실험팀은 주장했다. 이 실험은 사건에 대한 새로운 정보를 상대에게 심어주는 것보다 기존 사건을(잘못된 인상)을 뒤집는 '근거 제시'가 중요하다는 것을 보여주고 있다. 이처럼 우리도 상대에게 첫인상을 잘못 심어주었거나 어떤 실수를 하였을 때에 그 근본적인 원인을 생각해 보고, 이를 뒤집을 수 있는 설명이나 근거 자료를 제시하여 상대를 이해시키면 충분히 잘못된 첫인상을 만회할 수 있다.

중요한 것은 잘못된 첫인상을 바로잡는 노력보다 상대에게 첫인상을 좋게 하기 위한 노력이 더 중요하므로 본인의 첫인상을 좋게 하기 위해 복장이나, 용모, 말투, 상대에 대한 배려 등을 통해 상대방과 좋은 커뮤니케이션을 유지할 수 있도록 노력해야 한다.

5   ' 말투는 나를 평가하는 신뢰 자산이다 '

'나는 그 사람 말을 신뢰해', '그 사람 말은 믿을 만해', '내가 그 사람 말을 믿지 누구 말을 믿어.' 이런 평가를 받는 사람은 신뢰 자산이 높은 사람이다. 사람을 신뢰한다는 것은 하루아침에 이루어질 수 없는 일이다. 많은 만남과 대화 속에서 상대에 대한 불확실성이 줄어들어 서로 믿을 만한 관계가 형성되었을 때 가능한 일이다.

공자(孔子)의 제자 자공(子貢)이 정치에 대하여 공자에게 질문하자 공자는 이렇게 이야기했다. "정치는 양식을 풍족하도록 하고, 군을 잘 준비하여, 백성들로부터 신뢰를 얻어야 한다.(足食, 足兵, 民信之矣)". "이 세 가지(兵, 食, 信) 중에서 한 가지를 먼저 버린다면 첫째가 군대이며, 또 한 가지를 버린다면 둘째가 식량이며, 마지막까지 지켜야 할 것은 신뢰이다."라고 말했다. 신뢰가 가장 중요한 가치라고 강조했다. 신뢰가 없으면 아무것도 할 수 없다(無信不立). 이처럼 정치에서 신뢰가 중요하듯이 우리의 인간관계에서도 신뢰가 중요한 가치이자 자산이다.

신뢰 전문가인 레이첼 보츠먼(Rachel Botsman)은 그의 저서 『신뢰이동(Who can you trust)』에서 **"신뢰는 아는 것과 모르는 것을 연결해 주는 다리"** 라고 정의했다. 우리가 어떤 제품을 신뢰하려면 우선 제품을 이해해야 되고, 그리고 그 제품을 만드는 회사를 신뢰해야 하며, 마지막으로 사람을 신뢰해야 한다. 우리가 잘 모르는 것이나 미지의 대상에 대한 불확실성을 없애주어야만 신뢰 관계가 성숙하게 되고, 신뢰 관계가 성립되면 원만한 인간관계가 형성될 수 있다. 우리는 은행을 신뢰하기 때문에 우리의 귀중한 돈을 믿고 맡기듯이, 인간관계에서도 상대방을 신뢰해야 관계를 유지할 수 있다. 상대방에 대한 신뢰는 그 사람의 직업과 사회적 직위, 말투나 행동, 품성, 약속 이행 정도 등을 통하여 생긴다.

특히, 말투는 대인 관계에서 신뢰 관계를 형성시켜 주는 중요한 자산이다. 나의 말투가 나의 신뢰 평판을 결정하는 중요한 자산이기 때문에 자신의 신뢰 자산을 보다 많이 쌓기 위해서는 품격 있는 말투를 사용해야 한다. 신뢰 자산을 쌓기 위한 말투는 어떤 것이 있을까.

첫째, 표준어를 사용해야 한다. 처음 만나는 사람은 첫인상과 첫 마디가 중요하다. 사투리 사용을 지양하고, 가능하면 표준말을 사용해야 품격이 있어 보인다. 둘째, 사실(Fact)만 이야기한다. 어떤 이슈에 대하여 이야기할 때 반드시 사실을 확인하고(Check) 말해야 한다. 말하기 전에 다시 한 번 확인하고(Recheck), 마지막으로 또 확인 후(Final Check) 말해야 한다. 셋째, 전문가의 말이나 통계를 인용한다. 상대에게 믿을 만한 사람으로 인식되기 위해서는 자기의 지식도 중요하지만 전문가나 공식적인 통계 등을 인용하면서 대화를 하게 되면 전문성을 돋보이게 한다. 넷째, 저속한 농담을 하지 않는다. 유머나 농담도 시기와 장소, 대상에 따라 해야 한다. 중요한 자리나 처음 만나는 사람에게는 저속한 농담을 지양하는 것이 상대에게 좋은 이미지를 심어줄 수 있다. 다섯째, 자신의 의도를 정확하게 전달한다. 어떤 문제에 대하여 이야기할 때 자기의 의도를 상대에게 정확하게 전달해야 한다. 이야기가 끝날 즈음에 다시 한

번 요약해서 자신의 생각을 상대에게 설명해주는 것도 좋은 방법이다.

　예를 들어 침대를 구매한다면 계약서를 작성하기 전에 "첫째, 가격은 얼마로 하는지, 둘째, 어떤 색인지, 셋째, 배달은 언제까지 하는지, 넷째, 서비스는 베개 2개, 커버 1개로 한다." 등 최종적으로 자신이 원하는 바를 상대에게 확인시켜 주는 것이 중요하다.

6 '무례한 고객에게 돈을 더 받는 카페가 있다'

　　　　　　2013년 12월 11일, 유럽 언론 매체인 더 로컬지에 이런 기사가 난 적이 있다. '무례한 자 돈 더 내는 카페'라고 소개한 이 기사는 아주 흥미로웠다. 프랑스 남부 니스에 있는 '쁘띠 쉬라'라는 프랑스 카페에 대한 이야기인데, 기사의 주요 내용은 카페를 방문하는 손님들이 주문하는 말투에 따라 커피 가격을 차등하여 받는다는 내용이었다. 이 카페의 커피 메뉴표에는 이렇게 적혀 있다고 한다.

- 커피 한 잔 … 7유로(11,100원)
- 커피 한 잔 주세요 … 4.25유로(6,100원)
- 안녕하세요! 커피 한 잔 주세요 … 7유로(2,000원)

　이 카페의 매니저는 커피를 주문할 때 말을 함부로 하거나 무례한 사람에게 어떻게 하면 기분 나쁘지 않게 말투를 바꿀 수 있을지에 대해 고민하다가 무례하게 말하는 고객에게는 더 높은 커피 값을 내게 한다는 흥미로운 아이디어를 내었다고 한다. 이 메뉴표가 생긴 이래로 고객들의 말투가 하루가 다르게 변해 갔다고 한다. 친절한 말과 공손한 말로 주문하는 고객이 많아졌으며, 점원과 고객이 서로 존중해 주는 좋은 풍경이 펼쳐졌다고 한다. 한 사람의 아이디어로 고객들의 말투를 바꾼 것이다.

카페 매니저는 이 가격표를 고객에게 강요하지는 않지만 더 자주 미소를 지어주는 등 고객들의 태도가 달라졌다고 한다. 처음에는 자신의 직장일로 스트레스를 많이 받은 사람들이 카페를 방문하여 주문할 때 무례하게 굴어서 농담으로 말하다가 이 아이디어를 생각했다고 한다. 카페 근처에서 근무하는 고객들은 대부분 단골 고객들로 그들은 이 가격표가 재미있다고 생각하면서도 정중하게 말했다고 한다. 이왕이면 "Bonjour! une tasse de café, s'il vous plaît!"; 봉 쥬르! 윈 따스 드 카페 실부 플레(안녕하세요! 커피 한 잔 주세요.). 즐겁게 말하면 적은 돈으로 즐겁게 커피를 즐길 수 있으니 누이 좋고 매부 좋은 일 아닌가.

몇 해 전에 프랑스 니스와 칸에 간 적이 있었는데, '쁘띠 쉬라'에 못간 것이 좀 아쉬운 생각이 든다.

우리 주변에도 이 카페와 같이 입이 거친 고객들이 많이 방문하는 카페가 있을 것이다. 그들에게 이 카페와 같은 가격표를 제시한다면 어떤 반응을 보일까. 고객들이 발길을 끊을까. 아니면 재미있어 하면서 정중한 말투를 사용할까. 아마 후자일 것이라고 생각한다. "가는 말이 고와야 오는 말이 곱다"는 우리 속담처럼 상대에게 정중하고 예의바른 말투를 사용하면 상대도 당신을 정중하게 대해줄 것이다.

성경의 마태복음에 이런 말이 있다고 한다. **"무엇이든지 남에게 대접을 받고자 하는 대로 너희도 남을 대접하라."** 이 말이야말로 대인 관계 말투의 황금률이라 할 수 있다.

제3장

친언(親言),
이웃에게는 친절한 말투

"백만매택(百萬買宅), 천만매린(千萬買隣)"

'집값이 백만이고, 이웃 값이 천만이다.'는 말이다.
이 말은 좋은 이웃을 얻기 위해서는 천만금도 아깝지 않다는 의미일 것이다.
하지만 우리는 집을 선택할 때 이웃을 잘 알 수가 없다.
이웃이 되면 잘 친해지는 것이 더 중요하다.

1 ' 엘리베이터, 이웃사촌을 사귀는 공간이다 '

요즘은 엘리베이터가 설치되어 있는 아파트에 사는 사람이 많다. 아침, 저녁 출퇴근 시간에는 엘리베이터에서 같이 사는 주민들과 마주치는데, 사람을 반기는 방법이 다양하다는 것을 여러분들도 경험했을 것이다. 가볍게 미소 짓는 사람, 목례하는 사람, 무표정하게 말 없이 타는 사람, 스마트폰을 보는 사람, 천장을 보는 사람, 아파트 안내문을 읽는 사람 등이 있다. 여러분은 어떻게 반응하고 있는가? 아파트에서 이웃과 친해지려면 내가 먼저 인사하는 것이 중요하다. 인사는 첫마디가 중요한데 이 첫마디는 3초 안에 상대에게 던져야 좋은 커뮤니케이션을 이어갈 수 있다고 한다.

만나는 순간에 첫마디를 던져야 되는데, 이는 평소부터 연습이 되어 있지 않으면 실천하기가 어렵다. 그래서 나는 엘리베이터를 타기 전에 항상 "안녕하세요?"라고 마음속으로 연습을 하고 탄다. 문제는 먼저 인사를 해도 상대가 반응이 없으면 무안하기도 하지만 헤어질 때 "안녕히 가세요!"라고 또 인사를 하면 대부분 미소를 지으면서 "안녕히 가세요!"라고 억지로라도 응대해 준다.

처음 만나는 사람과 대화를 시도할 때는 3초 안에 시도하는 것이 중요한데 상대와 마주치면 마음속으로 "하나, 둘, 셋"을 세고 상대에게 말을 건네면 상대도 반응하게 되어 있다. 이때는 날씨나 아파트 관련 이야기, 상대에게 관심을 끌 수 있는 무슨 말이든지 먼저 건네는 것이 중요하다. 말을 할 때도 밝은 표정으로 품위 있게 말해야 한다. 예를 들어, 태권도복을 입은 초등학생과 어머니가 엘리베이터에 탑승하면, "와! 멋있네. 검은 띠네. 몇 년 했어요?"라고 관심을 가져주면 대부분 웃으면서 말문을 열게 되어 있다. 상대에게 "안녕하세요?" 외의 말을 걸 때에는 만나는 상대의 표정과 반응, 동승자 숫자 등 여러 상황을 고려하여 말해야 한다.

나는 엘리베이터를 탈 때 가능하면 엘리베이터 버튼이 있는 오른쪽 앞에 탄다. 위치적으로 버튼을 점령하기 때문에 탑승자가 있으면 "안녕하세요? 몇 층 눌러드릴까요?"라고 하면 대부분 "감사합니다"라고 응대해 준다. 일단 응대를 해주는 사람과는 대화가 가능하다. 날씨 이야기나 아파트 게시판 내용 등을 주제로 가볍게 대화를 나누면 다음부터는 모르는 이웃이 아는 이웃이 되고, 인사말 이외에도 여러 가지 대화를 할 수 있는 '엘리베이터 친구'가 된다. 여러분들도 오늘부터 이웃과 친해질 수 있도록 엘리베이터에서 먼저 말을 건넬 수 있는 '작은 용기'를 가져보기 바란다.

일반적으로 대화를 시도할 때는 먼저 몸과 마음이 열린 태도로 상대에게 정중하게 먼저 다가가는 것이 중요하고, 말을 건넬 때에도 미소와 함께 건네는 것이 중요하다. 특히, 이성에게 말을 걸 때는 단어 선택을 신중하게 하고 상대의 표정 등을 보고 말을 건네야 한다. 처음 보는 상대에게 "멋있다", "모델 같다", "옷이 세련되어 보인다" 같은 말을 한다면 상대가 부담을 느낄 수 있기 때문에 단어 선택을 잘해야 한다. 한 번 잘못된 인상을 이웃에게 심어주면, 그 인상을 바꾸기 위해서는 몇십 배의 노력을 해야 한다. 이웃에게 첫인상을 좋게 하기 위해서도 말투 연습이 필요하다.

좋은 이웃사촌에 대한 이런 고사성어가 있다.

> 백만매택(百萬買宅), 천만매린(千萬買隣)
> 집값이 백만이고, 이웃 값이 천만이다.

이는 좋은 이웃을 얻기 위해서는 천만금도 아깝지 않다는 말이다. 당신이 좋은 이웃을 선택하지 못했다면 당신이 좋은 이웃이 되어 주면 된다.

2 ' 이웃 간 갈등 해결은 말보다 편지가 낫다 '

나는 아파트 12층에 산다. 오래된 아파트라 이사 전에 리모델링 작업을 했다. 인테리어 업체에 맡겨 공사를 진행하고 있는데, 어느 날 인테리어 사장에게서 전화가 왔다. "같은 동에 사는 어느 입주민이 공사 소음이 심하다고 구청에 민원을 넣었다"고 집주인인 나에게 대책을 강구하라는 것이었다. 퇴근 후 아파트 관리소장에게 확인해 보니, 민원을 제기한 사람이 연세가 많으신 할아버지인 것 같다고 귀띔해주었다. 나는 퇴근 후 과일 한 봉지를 사들고 할아버지에게 찾아가 상세하게 상황 설명을 드렸다. 인테리어 없이 그냥 살려고 했는데 싱크대나 화장실, 바닥 등이 너무 낡아 어쩔 수 없이 인테리어를 결정하여 공사 중이며, 며칠 후면 끝나니 그때까지만 어르신께서 좀 이해해 달라면서 정중히 90도 각도로 인사를 드렸더니 엷은 미소를 보내면서 알았다고 말씀하셨다.

나이도 적지 않은 사람이 90도 각도로 예의를 갖춰 인사를 하니 마음이 언짢았던 깐깐한 어르신께서도 이해를 해주시는 것 같았다. 공사 후 이사하는 날 엘리베이터에 소음을 잘 참아준 입주민에게 감사와 사과의 내용을 담은 손편지를 게시판에 며칠 동안 붙여 놓았는데, 기분 좋은 댓글도 달렸다. 이웃과 직접적인 소통은 하지 않았지만 이러한 간접 소통을 시도하니 12층 아저씨를 기억해주는 사람이 많아 동대표(?)를 출마해 볼 생각도 했다.

아파트는 구조상 층간 소음이 많이 발생할 수밖에 없다. 층간 소음 때문에 칼부림이 나고, 살인까지 하는 일이 발생하여 언론에 자주 보도되기도 한다. 인구주택총조사 결과를 보면 층간 소음이 발생할 수 있는 공동 주택에 사는 인구가 76%나 된다는 보도를 본 적이 있다. 10가구 중 약 7가구가 아랫집 천장을 밟고 산다는 얘기다. 아랫집 천장과 윗집 바닥을 공유하는 가까운 이웃사촌 사이가 잘못하면 불편한 관계가 될 수도 있다. 만약에 아파트 소음이 발생하면 윗집과 아랫집이 함께 지혜롭게 해결해야 한다. 그렇지 않고 그냥 두면 시로 산에 감정의 골만 깊어져 어느 순간에 폭발하게 되어 있다. 층간 소음 갈등으로 이웃과 싸우다가 살인까지 했다는 뉴스를 자주 본다. 만약 층간 소음 문제가 발생하면 직접 방문하는 것보다 관리실이나 경비실을 통해서 간접적으로 이야기하는 것이 좋을 것 같다. 그래도 해결이 안 되면 한국환경공단에서 운영하는 층간소음 이웃사이센터를 이용하는 방법도 있다.

이런 방법은 어떨까. 윗집에서 어린아이가 함께 살고 있다면, 이삿날이나 다음 날 부모와 함께 아랫집을 방문해서 어린아이가 직접 손으로 쓴 편지와 조그만 마음의 선물을 가지고 가서 인사와 함께 전달한다면 어떨까. 아래와 같은 내용으로….

"제가 이사 왔는데 매일 쿵쿵거리지 않고,
뛰지 않겠습니다. 항상 조심하겠습니다.
할아버지! 항상 건강하세요!"

아랫집에 사는 할아버지의 입장에서는 참기 힘든 경우도 가끔 있겠지만 천진난만한 어린이의 편지와 인사까지 받았는데, 웬만해서는 화를 내기가 힘들 것이다. 아마도 따뜻한 이웃이 될 수밖에 없을 것이다. 이런 말이 있다. 거필택린(居必擇隣), '집을 살 때 이웃을 잘 선택하라.' 하지만 우리는 이웃을 잘 알 수가 없고 잘 선택할 수가 없다. 잘 친해지는 것이 중요하다. 잘 친해지려면 내가 먼저 다가가야 한다.

3 ' 경비원과는 가족처럼 동행(同幸)하라 '

서울의 어느 아파트에서는 경비원과 계약서를 작성할 때 '갑과 을 대신에 '동(同)과 행(幸)'으로 작성한다는 것이 모 일간지에 보도된 적이 있다. 일반적으로 아파트 입주민대표자협의회가 갑이고, 경비원이 을인 경우가 대부분인데 이 아파트의 입주민대표자협의회는 경비원을 입주민과 함께 동행(同幸)한다는 의미에서 경비원 채용 시 계약서에 '동(同)과 행(幸)'으로 작성한다고 한다.

동행(同幸)은 서로가 상대를 가족처럼 생각하고 배려하면서 함께 행복하자는 의미라고 한다. 사실상 '을'의 위치인 경비원을 주민과 함께하는 가족 같은 관계, 동행하는 관계로 인정해주는 이런 아파트가 얼마나 될까. 아마도 이런 사례가 드물기 때문에 신문에 보도되었을 것이다.

아파트 경비원에 대한 백 마디의 칭찬 말투보다 이 계약서 한 장이 경비원을 신바람 나게 하는 것이 아닐까. 좋은 말투로 사람을 감동시킬 수도 있지만 이처럼 계약서 문구 하나를 바꿈으로써 경비 일을 내 집안 일처럼 할 수 있는 분위기를 만드는 것이 아닐까. '을'의 위치에 있는 경비원에 대한 폭언, 폭행, 부당 해고 등 아파트 입주민들의 갑질이 많은 요즘 이러한 신선한 이야기는 인심이 야박한 우리들에게 선하고, 긍정적인 영향을 미칠 것이다.

정부에서도 2020년 하반기에 공동주택관리법 시행령을 개선하여 아파트 관리 규약에 '경비원 등 근로자에 대한 폭언 등의 금지' 조항을 포함시킬 수 있도록 의무화할 예정이다. 관리 규약은 아파트 입주민들이 만드는 '아파트 안에서의 법'으로서 여기에는 동대표 선출 방법과 회계 관리 방법 등이 규정되어 있는데, 앞으로 관리 규약을 지키지 않으면 지방 자치 단체는 실태 조사를 거쳐 최대 1,000만 원의 과태료를 부과할 예정이라고 한다.

논어의 인연 편에 '사해형제(四海兄弟)'라는 말이 있다. 이는 세상의 모든 사람들이 형제와 같다는 의미로 세상 사람들이 마음과 뜻을 같이 한다면 누구나 형제처럼 지낼 수 있다는 말이다. 우리 속담에 '멀리 있는 친척보다 가까이 있는 이웃이 낫다'는 뜻과 통하는 말이다. '덕필고, 필유린(德必孤, 必有隣)'이란 말도 있다. 이웃에게 따뜻한 말투와 밝은 미소로 대한다면 결코 외롭지 않고, 반드시 좋은 이웃이 생기게 되어 있다.

진정한 이웃사촌을 만들기 위해서는 밝은 모습으로, 따뜻한 말로 먼저 다가가는 것이 중요하다. 인사도 하나의 습관이다. 한 번 하게 되면 계속 하게 되고, 그렇지 않으면 서로 피하게 되고, 무관심하게 된다. 오늘 당장 내가 먼저 밝은 얼굴과 미소로 이웃에게 인사를 해보자. 당신의 밝은 인사를 받은 이웃도 당신에게 밝은 미소를 보낼 것이다.

4   ' 주차 매너는 나의 인품을 나타낸다 '

아파트 층간 소음만큼이나 입주민 사이에 갈등이 많은 것이 주차 갈등이다. 요즘은 승용차가 거의 필수품에 가까워 1가구 2차량인 가구도 많다. 주차 공간은 제한되어 있고, 차량은 많다보니 주차 전쟁이 일어날 수밖에 없고, 주차장 확보 상태가 아파트 선택의 기준에 포함되기도 한다. 구축 아파트는 주차 간격이 좁아 정확하게 주차하지 않으면 연속적으로 영향을 미쳐 여러 사람을 불편하게 만들고, 이로 인한 언쟁도 가끔 발생한다. 주차 공간이 좁다 보니 주차선 이외에 불법 주차를 하는 경우도 많이 있는데, 이때에는 다른 차들이 잘 통행할 수 있도록 하고, 사이드 브레이크도 잠그지 말아야 하는데 그렇지 않은 사람이 가끔 있다.

나도 주차장에 불법 주차한 차량을 밀다가 접촉 사고를 낸 적이 있는데, 보험회사에 확인해 보니, 자기 차를 운행하다가 발생한 사고가 아니라 타인의 차량으로 사고를 일으켰기 때문에 자동차보험 보상을 받기는 어렵고, 만약에 일상생활배상책임담보에 가입되어 있으면 보장을 받을 수 있고, 불법 주차를 한 당사자도 약 20%의 과실이 있다고 했다. 주차장에서 주차선 이외에 주차하는 것은 불법 주차이고, 그 차로 인해 사고가 발생하면 불법 주차한 차주도 책임을 져야 한다는 사실을 알았다.

현대인들은 너무 바쁘게 살아간다. 개인이 바쁘다 보면 우리 모두가 지켜야 할 공중도덕을 소홀히 하기 쉽다. '나 하나쯤이야' 하는 생각이 만연하면 우리가 지켜야 할 소중한 가치나 질서가 서서히 무너질 수밖에 없다. 나의 주차 습관이 우리 아파트의 품격을 높이고, 나의 품격을 이웃에게 보여주는 것이므로 항상 신경을 써서 주차하는 습관이 필요하다. 주차 습관 이외에도 요즘 운전자들은 차량 운행 시에 좌우 깜박이를 잘 켜지 않는 것 같다. 주차장 출입구나 주차장 내에서 좌우 깜박이를 사용하지 않고, 자기 마음대로 좌우회전하는 운전자가 많아 위험할 때가 많다.

자동차 운행 법규는 사회적, 법적 약속인데 이를 무시하는 운전자가 내 이웃이라면 당신을 그 사람을 어떻게 생각하겠는가? 아마 교양이 없는 사람이라고 치부할 것이다. 당신도 이웃에게 교양 없는 사람으로 인식되지 않으려면 당신이 먼저 법규를 지키는 것이 중요하다.

5 ' 이웃과 소통하면 불편이 사라진다 '

"남자에게 참 좋은데 뭐라 설명할 방법이 없네…" 하는 유명한 선전 카피의 주인공인 천호식품 김영식 회장이 같은 동(棟)에 사는 아파트 주민을 저녁 식사에 초대했다는 뉴스를 수 년 전에 본 적이 있다. 이 행사를 계획한 이유는 단독주택에 살다가 아파트로 이사했는데, 엘리베이터에서 만나는 이웃 주민들이 서로 등진 채 인사도 하지 않고, 눈길을 회피하는 모습에 같은 동 이웃이라도 알고 지내자라는 뜻에서 행사를 추진했다고 한다.

김 회장이 생각하기에 이웃 간에 인사도 제대로 하지 않는데, 소통도 제대로 되지 않을 것이고 만약에 층간 소음이 발생하면 당연히 분쟁이 발생할 것이라는 생각이 들었다고 한다. 이웃사촌끼리 얼굴이라도 알고 지내면, 사소한 층간 소음이나 분쟁도 서로 이해할 것이고 이웃 간 정도 돈독하리라는 생각에 아파트 이웃사촌을 초대하게 되었다고 한다. 엘리베이터에 "OOO아파트 O동 이웃사촌 여러분들을 O일 O시에 저녁 식사에 초대합니다. 밥값은 제가 낼 테니 이웃 간에 만나서 소주나 한잔합시다."라는 내용의 초대장을 공고하였는데 거의 모든 주민들이 참석했다고 한다.

모임을 계획한 김 회장의 아이디어도 기발하지만 이웃주민 대다수가 참석한 것도 이례적인 사건이었다. 요즘은 이사를 하더라도 이웃 간에 떡이나 기념품을 나눠주면서 소통하는 아름다운 풍속은 거의 사라지고, 오히려 이웃을 경계하는 듯한 문화가 만연해 있는 현실이기에 김 회장의 '아파트 이웃사촌 초청행사'가 뉴스가 된 것 같다.

나는 이 뉴스에서 두 가지를 느꼈다. 첫째는 우리의 이웃사촌들은 이웃과 서로 소통하려는 따뜻한 마음을 가지고 있다는 것이다. 이웃과 서로 인사하고 지내고 싶지만 자신의 성격이나 성장 문화 차이 등으로 먼저 상대에게 말을 건네는 것을 어려워하기 때문이다. 엘리베이터에서 이웃을 만나면 만나는 순간이니 최소한 3초 이내에 말을 건네야 한다. 그렇지 않으면 말을 건네기가 어렵다. 이때 이웃에게 던지는 말은 "안녕하세요!", "몇 층 눌러 드릴까요?", "몇 층 좀 눌러주세요." 등 가벼운 대화면 된다. 이렇게 한 번 말을 트면 다음부터는 날씨 이야기, 상대를 칭찬하는 이야기 등으로 서로 더 많은 소통을 할 수가 있다.

두 번째 느낀 것은 생각하면 바로 실천하는 김영식 회장의 추진력이다. 이웃 간에 서로 인사도 없이 무관심하게 지내는 것에 안타까운 마음을 가졌고, 이를 해소하기 위하여 이웃사촌에게 초청장을 보내고 저녁 식사까지 대접하는 빠른 실행력이 부러웠다. 돈이 있다고 밥을 사는 것은 아니다. 이웃에 대한 관심과 선한 영향력을 미치려는 마음이 있기에 가능한 것이다. 이 책을 읽고 있는 독자 여러분도 여건이 되면 이렇게 멋진 저녁을 앞집이라도 한 번 계획하는 것이 어떨까.

나는 이 뉴스를 보는 순간 우리의 이웃들도 조금만 마음만 열면 서로 소통하고, 배려하면서 잘 지낼 수 있다는 긍정적인 느낌을 받았다. 이웃 간에 서로 소통이 없으면 남이나 다름이 없고, 소통하면서 알고 지내면 친척보다 나은 것이 이웃이라 생각한다. 오늘부터라도 이웃과 눈인사를 하면서, 밝은 미소로 보내보자. 이웃도 당신에게 밝은 미소를 보낼 것이다.

제**4**장

온언(溫言),
내 편을 만드는 따뜻한 말투

직장 내 갈등의 원인은 상대를 비하하거나
무시하는 발언, 인격을 모독하는 표현,
비꼬는 말투 때문이라는 분석이 있다.
여러 사람과 함께 일하는 직장은
갈등이 존재할 수밖에 없다. 이를 줄이기 위해서는
상대를 배려하면서, 상대의 의견을 존중하고,
상대의 말을 진심으로 경청해야 한다.
직장에서 내 편을 많이 만들기 위해서는
상호간에 커뮤니케이션을 잘해야 하고,
상대를 배려하는 말투를 사용해야 한다.

1   ' 직장 내 갈등의 원인은 말투이다 '

어느 직장이든 상사와 부하, 동료 간의 의견 대립과 갈등은 존재하기 마련이다. 그 갈등의 뿌리는 무엇일까? 국립국어원 연구에 따르면 직장 내 갈등의 시작은 상대를 비하하거나 무시하는 발언, 인격을 모독하는 표현, 비꼬는 말투 때문이라고 분석하고 있다. 또 갈등이 발생한 이후에도 제대로 해결하지 못하는 이유는 구성원 간 '소통이 미흡한 것'이 중요한 원인으로 밝혀졌다. 구성원의 50%는 직장에서 커뮤니케이션 교육을 받은 적이 없었으며, 교육을 받은 사람의 68%는 커뮤니케이션 교육이 형식적이라고 생각했다. 아래 국립국어원에서 제시한 갈등을 만들지 않는 '직장 말투' 매뉴얼을 참고하여 업무 지시나 회의 등에 활용하면 좋을 것 같다.

갈등 만들지 않는 '직장 말투' 매뉴얼

업무 지시	• 구체적 행동 지침을 담아 전달 • 고압적이지 않은, 상대를 존중하는, 동기를 부여하는 표현 선택
회의	• 직급·상하관계 떠나 경청하는 태도 • 제기되는 반론에 감정적 대응 자제
업무 수행 과정	• 관찰된 행동·성과에 초점 맞춘 구체적 조언 • 상대방이 조언을 받아들일 심리적 여유가 있는지, 조언하기에 적절한 시간·장소·분위기인지 고려 • 상대방 요청을 거부할 때는 침묵하지 말고 확실한 의사 밝혀야
업무 보고	-간결하고 명료하게 -가능한 한 결과부터 말하고 수시로 경과 보고
갈등 상황	-감정 표출 전 자기점검부터 -공격적 표현은 최대한 부드럽게 바꿔 전달

〈자료: 국립국어원〉

여러 사람과 함께 일하는 직장은 갈등이 존재할 수밖에 없다. 갈등을 줄이기 위해서는 상대를 배려하면서, 상대의 의견을 존중하고, 상대의 말을 진심으로 경청해야 한다. 특히, 각종 회의나 토의 시 자신과 생각이 다르다고 상대의 의견에 대한 공격적인 발언을 지양해야 한다. 상대방의 생각보다 좋은 의견이나 합리적인 의견이 있으면 상대의 의견을 먼저 존중해주고, 자신의 의견을 표시하는 것이 중요하다. 상대방에 대한 배려 없이 상대방의 의견을 직접적으로 공격하면 자기 자신이 그 순간만은 돋보일 수 있을지 모르지만, 길게 보면 오히려 동료도 잃고, 함께 참석한 사람들에게도 배려심이 적은 사람으로 인식될 수도 있다. 만약 상대와 의견 대립이나 갈등 상황이 발생하면 공격적인 발언보다 상대의 의견을 수용하면서 보다 더 발전적인 대안을 제시하거나 차분하게 합리적인 의견을 말한다면 서로 win-win할 수 있을 것이다.

각종 회의나 토의 시 언성을 높이거나 화를 내면 일단 상대에게 질 수밖에 없으며, 회의에 참석한 구성원들에게도 자기 감정 조절이 안 되는 '다혈질 직원'으로 인식될 수도 있다. 칭기즈 칸은 **"화가 났을 때 결심하지 말라"**고 했다. 화를 내면 자기 스스로 판단력이 무뎌지며, 옳지 못한 결정을 내리기 쉽게 때문이다.

2   ' 나의 말투는 나의 평판이 된다 '

직장 생활에서 중요한 업무 중의 하나가 회의나 토의이다. 일반적인 회의는 성과 없이 시간 낭비로 끝나는 경우가 많지만 성과나 산물이 있는 회의는 참석자들의 의견과 아이디어를 서로 교환함으로써 회의의 목적을 달성할 수 있다. 회의를 주관하거나 준비하는 실무자라면 Google의 회의 법칙을 참고하면 좋을 것 같다. Google의 회의 법칙을 소개한 에릭 슈미트(Eric Schmidt)의 《How Google Works》에는 이런 내용이 포함되어 있다.

첫째, 회의는 한 명의 최종 의사 결정권자가 있어야 한다는 것이다. 의사 결정권자가 있어야 회의의 목적을 달성할 수 있기 때문이다. 둘째, 회의 참석 대상자에게 회의 일정과 목적, 안건을 미리 알려 주어야 한다는 것이다. 그리고 회의 종료 후에는 회의 결과에 대한 후속 조치 내용을 관계 부서에 알려 주어야 한다는 것이다. 셋째, 회의의 목적과 안건을 미리 알려 주고, 꼭 필요한 사람만 모이게 한다는 것이다. 넷째, 회의를 위한 회의, 아무 생각이 없는 회의는 하지 않는 것이 좋다는 것이다. 다섯째, 회의 참석 인원은 8명으로 제한한다는 것이다. 회의에 참석한 사람들은 자기의 의견을 낼 수 있어야 한다. 너무 많은 사람이 참석하면 회의의 질도 떨어지고, 효율적인 토의가 될 수가 없다. 여섯째, 회의에 참석해서 아무 의견도 내지 않으면 회의에 참석하지 않은 것과 같다는 것이다. 일곱째, 회의 시간 관리에 신경을 쓴다는 것이다. 회의는 정해진 시간에 시작하고, 끝내는 것이 중요하다. 여덟째, 회의에 참석해서 회의와 관계가 없는(전화 사용, 회의와 관계

없는 자료 열람 등) 일을 자제하라는 것이다.

공식적인 회의나 토의는 대부분 조직의 윗사람들과 함께 하기 때문에 실무자 입장에서는 부담이 되는 업무이지만 반대로 공식적인 자리에서 논리적인 발표나 창의적인 아이디어를 제시한다면 윗사람이나 참석자들에게 좋은 평판을 받을 수 있는 기회가 된다. 때문에 사전에 충분한 연구와 준비를 하는 것이 중요하다. 그리고 상대방이 어떤 의견을 제시할 때 자기의 생각과 다르다고 해서 상대방을 무시하는 태도나 말투, 자기의 생각만 강하게 주장하는 것은 바람직하지 않다. 그 순간은 자신이 이겼다고 생각하지만 상대방의 입장에서는 자존심이 상할 수도 있고, 심한 경우 동료가 아니라 적(敵)이 될 수도 있다. 어떤 의견을 제시할 때는 미리 충분히 생각을 하고 메모를 해서 발표하거나 마음속으로 발표할 내용을 정리해서 말하는 것이 중요하다.

예를 들면, "K팀장님의 발표를 잘 들었습니다. 신상품 개발과 판매 전략에 대한 의견은 저도 공감을 합니다. 제가 잘못 이해했는지 모르지만, 판매 전략 발표 중 온라인 판매를 집중적으로 한다고 했는데, 이번 상품은 시니어 상품으로 온라인에 익숙하지 못한 고객들도 있기 때문에 오프라인 판매 전략에도 관심을 기울인다면 판매 실적을 향상시킬 수 있으리라 생각됩니다. 이상입니다."라고 말한다면 상대를 배려하면서도 더 좋은 방향으로 의견을 제시했기 때문에 해당 팀장에게 좋은 감정을 심어줄 수 있고, 윗사람에게도 남다르게 보일 수 있는 기회가 되는 것이다.

3 ' 기분 좋은 말투가 내 편을 만든다 '

말투는 말을 하는 버릇이나 모습을 말한다. 상대의 말투만 들어 보아도 상대의 습관이나 성격, 스타일을 짐작할 수 있다. 우리가 사용하는 말투는 시간과 장소, 상황에 따라 달라야 한다. 특히, 직장에서 내 편을 많이 만들기 위해서는 상대가 들었을 때 불쾌한 말투보다 기분 좋은 말투를 사용해야 한다.

예를 들면, 진급이나 승진 시에는 도움을 준 상관에게는 '덕분에'라는 말투를 사용하여 감사를 표시하면 상관은 부하가 자기의 능력이나 영향력을 알아주는 것이기 때문에 기분이 좋아진다고 한다. '과장님 덕분에', '부장님 덕분에', '이사님 덕분에' 등 해당 직책과 '덕분에'라는 단어를 사용하여 자기의 마음을 표현하면 된다.

일반적으로 윗사람은 솔직한 부하에게 마음이 더 간다고 한다. 솔직하다는 의미는 믿을 수 있다는 것이고, 거짓이 없다는 의미이고, 따뜻한 인간미를 느낄 수 있다는 것이다. 그렇다고 해서 무작정 솔직해서는 안 된다. 예를 들어, 후배 신입 사원이 배드민턴 동호회에 가입하여 회원들에게 소개할 때,

"이번에 입사한 신입 사원인데, 배드민턴 운동은 처음이고 운동 신경이 없으니 잘 지도해 달라."고 소개를 한다면 이 신입 사원은 심적으로 부담을 느낄 것이고, 그 자리가 불편해질 것이다.

어떻게 소개하는 것이 좋을까? 모든 사람은 자기의 장점을 가지고 있다. 상대를 잘 관찰하면 분명히 장점을 찾을 수 있기 때문에 이를 확인하여 다음과 같이 소개하는 것도 도움이 될 것 같다.

"이번에 입사한 이 친구는 배드민턴 운동은 처음이지만 대학교 때 테니스 서클 회장까지 했기 때문에 운동에는 소질이 많습니다. 또 친구의 사촌형은 국가대표 탁구 선수입니다. 회원님들께서 이 친구가 적응될 때까지 도와주시면 감사하겠습니다."라고 소개한다면 이 신입 사원은 이미 당신을 멘토로 생각하고 따를 것이다.

내가 군대 생활 하면서 상관으로부터 들었던 가장 기분 좋은 말은 "자네를 믿는다."라는 말이었다. 특전사에서 중대장 임무를 수행할 때 모신 대대장님은 각종 보고나 현장 지도 시 브리핑을 하면 나에게 부족한 점이 분명히 많이 있음에도 항상 "그래! 대대장은 1중대장을 믿는다. 계획대로 잘 훈련해라"라고 하셨을 때, 힘이 나고 더 잘해야겠다고 몇 번이고 다짐을 했던 기억이 난다.

사회생활을 하면서 힘들어 하는 사람에게 용기를 주고, 자신감을 주고, 희망을 가지게 하고 싶다면 상대에게 "나는 너를 믿는다", "너는 모든 것을 알이시 질 하니까 살 될 거야", "내가 너를 믿지 누굴 믿겠나?"라고 말해 보라. 이 말을 들은 상대는 당신을 진심으로 믿고 따를 것이며, 언제나 당신 편이 되어줄 것이다.

춘추전국시대 진나라 예양(豫讓)이라는 사람이 이런 말을 했다. **"남자는 자신을 알아주는 사람을 위해 죽고(士爲知己者死), 여자는 자신을 기쁘게 해주는 사람을 위해 화장을 한다(母爲悅己者容)."** 특히, 당신이 당신의 부하를 신뢰하게 되면 부하는 당신과 조직을 위해 조건 없는 충성을 할 수밖에 없을 것이다.

4 '인사를 잘하는 것도 능력이다'

인사는 인간관계의 기본이다. 인사만 제대로 해도 인간관계가 원만해질 수 있다. 일반적으로 자신에게 밝고 미소로 인사하는 사람에게 대부분 사람들은 마음을 연다고 한다. 우리가 기차나 비행기로 여행할 때 옆 사람과 인사를 하면 모르는 사람이 아는 사람으로 변한다. 반대로 인사 없이 출발하면 서로 불편하기도 하고 신경도 쓰인다. 직장에서도 인사는 대인 관계의 중요한 수단이고, 상대에게 자기를 인식시킬 수 있는 하나의 방법이다.

대기업 임원으로 근무하고 있는 친구와 식사를 하면서 신세대 사원들에 대한 이야기를 나눈 적이 있다. 요즘 신세대 사원들은 '할 말은 다하고, 의무보다 권리를 주장하고, 조직보다 개인이 우선이다'라고 했다. 그는 또 우리 세대와 다른 점은 신세대 사원들이 '인사를 잘 안 한다'고 했다. 왜? 인사를 잘하지 않을까? 이 또한 우리 사회가 안고 있는 구조적인 문제 때문이라고 생각한다.

과거와는 달리 지금은 대부분이 맞벌이하는 부모가 많아 가정에서 인사나 예절교육 등 밥상머리 교육이 소홀할 수밖에 없다. 사회 구조 자체가 문제이지 젊은이들만 탓해서는 안 될 것 같은 생각이 든다. 부모가 바쁘다 보니 인터넷이나 스마트 폰을 자주 사용할 수밖에 없고, 형제자매도 거의 없으니 실외에서 놀이나 게임도 멀리하게 되고, 자연스럽게 전자 기기를 가까이 할 수밖에 없는 환경이라 사람을 대하는 대면 능력(對面能力)이 떨어질 수밖에 없다.

'인사(人事)'를 직역하면 사람(人)에게 예의를 표시하는 일(事)이다. 인사는 다른 사람을 만나거나 헤어질 때, 기쁘거나 슬픈 일이 있을 때 말이나 행동, 표정 등 여러 방법을 통하여 할 수 있다. 우리가 직장 생활을 하면서 자주 만나는 상급자와는 어떻게 인사를 해야 되는지를 알아보자.

첫째, 일반적인 인사법('30도 보통례')이다. 상대방의 전방 3보 앞에서 멈춰서 먼저 눈을 맞추고 "사장님! 안녕하십니까?" 하고 말인사를 먼저 하고, 고개를 30도 정도 숙이면 된다.

둘째, 좁은 장소나 친한 사이일 때 하는 '15도 목례'이다. 좁은 복도나 화장실, 엘리베이터 안에서는 '15도 목례'가 좋을 것 같다.

셋째, '45도 정중례'이다. 이는 격식을 갖춰야 하는 자리나 감사나 사죄의 말을 전할 때 고개를 45도를 숙여서 정중하게 예의를 표시하는 인사이다.

또 직장 생활을 하다 보면 아랫사람이 윗사람보다 먼저 퇴근해야 하는 경우가 가끔 있는데, 이럴 때는 어떻게 인사를 해야 할까? 통상 "부장님! 수고하십시오." "김 부장님! 고생하십시오."라고 인사를 하는데, 여기에서 수고(受苦)는 직역하면 고생을 받는다는 부정적인 의미로 윗사람에게 부정적인 언어를 사용하는 것은 적절하지 않다. 따라서 "부장님! 먼저 가겠습니다.", "부장님! 내일 뵙겠습니다."라고 인사하는 것이 좋을 것 같다.

직장 생활하면서 상사나 동료를 가장 많이 만나는 장소 중의 하나가 엘리베이터이다. 엘리베이터에서도 예절이 필요하다. 엘리베이터를 이용할 때 타고 있던 사람이 먼저 내린 이후에 타야 한다는 것은 누구나 알고 있는 기본 상식이다.

우선 직장 상사나 손님과 함께 엘리베이터를 탈 때는 먼저 탑승해 상사나 손님이 탑승하는 동안 문이 닫히지 않도록 '열림 버튼'을 누르고 있어야 한다. 먼저 탑승하는 이유는 승강기 문을 열고 있는 것 외에 해당 엘리베이터가 안전하다는 것을 상사나 손님에게 확인시켜 주고, 또 당신을 위해 제가 서비스를 제공한다는 의미도 포함되어 있다. 엘리베이터가 도착해 내릴 때에는 탈 때와 반대로 상사나 손님이 먼저 내리고, 완전히 내릴 때까지 '열림 버튼'을 누르고 있어야 한다. 상사나 손님만 엘리베이터에 탑승할 때에는 밖에서 문이 완전히 닫힐 때까지 기다려 주는 것이 예의이다.

엘리베이터에도 상석(上席)과 말석(末席)이 있다. 출입문에서 먼 곳이나 쉽게 내릴 수 있는 위치가 상석이고, 버튼이 있는 출입문 옆쪽이 말석이다. 일반적으로 상사나 손님보다 먼저 타서 버튼을 누르고 있으면 자연스럽게 본인이 말석에 위치하게 되는 것이다. 하지만 직책에 관계없이 '열림 버튼'이 있는 출입문을 장악하고 남을 위해 "몇 층 가세요?"라는 조그만 서비스를 실천한다면 회사에서 평판이 좋은 친절한 직원으로 소문날 것이다.

우리가 사람을 만날 때 복장, 인사하는 모습이나 밝은 표정, 기본적인 예절로 상대방을 판단하는 경우가 많다. 엘리베이터 예절도 직장 생활의 기본예절에 포함된다는 것을 알고 실천하여 최고의 사원이 되기 바란다.

5   ' 칭찬과 아부는 관계를 부드럽게 한다 '

우리나라에서도 칭찬 열풍을 일으킨 책 중에 하나가 켄 블렌차드(Ken Blanchard)의 『칭찬은 고래도 춤추게 한다』가 아닐까 생각한다. 켄 블렌차드는 무게 3톤이 넘는 범고래가 관중 앞에서 멋있는 Show를 보일 수 있는 원동력이 조련사의 긍정적 태도와 칭찬 때문이라고 주장했다. 이 책은 상대와의 긍정적 관계의 중요성을 깨우쳐 주고 칭찬의 의미와 방법을 제시하고 있다. 오늘날 칭찬과 함께 부정적인 의미가 내포된 '아부'라는 단어도 많이 사용되고 있다

칭찬과 아부의 차이는 무엇일까? 칭찬(稱讚)은 일컬을 칭(稱)과 기릴 찬

(讚)으로 구성되어 있는데, 여기서 '기리다'는 훌륭하고 뛰어나다고 말하는 것이다. 즉 칭찬은 다른 사람의 좋고 훌륭한 점을 들어 추어주거나 높이 평가하는 것을 말한다. 쉽게 말하면 어떤 대상에 대한 장점을 말해주는 것이다. 칭찬은 상대의 기분을 좋게 해주는 효과가 있다.

아부(阿附)는 언덕 아(阿)와 비빌 부(附)로 구성되어 있는데, '언덕에 비빈다'는 의미다. 남의 비위에 맞추어 알랑거리는 것이다. 우리가 흔히 말하는 '비빌 언덕'이라고 부르는 것이 아부이다.

직장 생활이나 사회생활에서 성공 요소를 평가할 때 해당 분야에 대한 전문 지식과 경험, 기획력과 친화력, 리더십 등은 포함되지만 아부 능력은 포함되지 않는다. 하지만 우리는 조직 생활에서 상관에게 칭찬을 잘하고, 아부를 잘하는 사람이 대인 관계가 원만하고 진급도 빨리 하는 것을 가끔 본다. 직장 생활에서 적절한 아부는 인간관계를 부드럽게 해주는 윤활유 역할을 하기 때문이다.

아부는 거짓말이 아니기 때문에 탄로가 나더라도 어떤 제재가 있을 수 없다. 일반적으로 아부를 받은 사람은 고맙게 생각한다. 자기가 아부를 받을 중요한 위치에 있는 사람이라고 생각하기 때문이다. 하지만 노골적인 아부는 상대를 불쾌하게 할 수도 있다. 따라서 상황에 맞게 칭찬처럼 느껴지는 세련된 아부를 해야 상대를 기분 좋게 만들고, 나에 대한 이미지도 좋게 만들게 된다. 상대방에게 어떤 대가를 바라지 않는 아부는 누구에게나 좋은 기분을 심어줄 수 있다.

아부는 이중적인 면이 있다. 내가 하면 능력이자 처세술이라고 주장하고, 남이 하면 치사하고 간사한 행동이라고 치부한다. 리처드 스텐걸(Richard Stengel)은 『아부의 기술(You're Too Kind - A Brief History of Flattery)』에서 **아부는 '전략적인 칭찬'이며, '특별한 목적을 추구하는 수단으로서의 칭찬'**이라고 정의했다. 또 아부는 자기 자신이 유리한 입장이나 이익을 도모하기 위하여 다른 사람을 높이는 일종의 '전략'으로서 진정한 칭찬까지도 아부가 될 수가 있다고 보고 있으며, 자신의 미래에 대하여 좋은 결과를 기대하고 행하는 '의도적인 거래'라고 설명하고 있다.

내가 알고 있는 사람 중에 '아부의 달인'이라는 별명을 가진 S가 있다. 상관과 등산을 할 때는 그는 이렇게 말한다. "회장님! 젊은 직원들도 못 따라오니 천천히 가십시오. 회장님의 체력이 거의 30대 정도인 것 같습니다. 뒤따라오는 직원 3명이 낙오할 것 같답니다. 회장님! 선천적으로 체력을 타고나신 것 같습니다."

테니스를 할 때는 이렇게 말한다. "공이 너무 강해서 엘보가 걸릴 것 같습니다. 저도 테니스를 20년 했는데 이렇게 강한 볼은 처음입니다. 볼이 너무 빠르고, 테크닉이 뛰어나시기 때문에 회장님과 운동하려는 사람이 없을 것 같습니다." 그리고 회식을 할 때는 건배사를 미리 준비하는지 상대방이 듣기 좋은 기가 막히는 멘트를 준비해서 회식의 분위기를 띄운다. "우리나라 한강이 생긴 이래로 가장 훌륭한 인품과 리더십을 가진 회장님과 함께 근무하고 있는 것을 인생 최대의 영광이라고 생각합니다. 우리를 낳아주신 부모보다 더 직원을 보살펴주시는 회장님의 리더십과 회사를 위하여 저는 건배, 나머지는 축배를 하겠습니다." "회장님을 위하여! 위하여! 위하여!…

회식에 참석한 대부분의 사람들은 S의 아부 능력을 부러워했다. 어떻게 저렇게 표시나지 않게 칭찬의 경계를 넘는 아부성 발언을 저렇게 잘할 수 있을까. 아부도 남들이 넘볼 수 없는 개인의 능력이라고 생각한다. 아부의 달인인 S는 성공했을까. 물론 S는 승승장구했다. 그는 성공할 수밖에 없는 사람인 것 같았다. 그는 칭찬과 아부뿐만 아니라 업무 전문성이나 리더십, 추진력도 탁월한 팔방미인이었다.

상관 입장에서는 일도 잘하고 성과도 좋고, 아부도 잘하고, 대인 관계가 좋은 부하를 좋아할 수밖에 없을 것이다. 여러분도 상대의 장점을 찾아 칭찬하는 습관을 길러보기 바란다. 체질에 맞으면 긍정적인 의미의 아부도 가끔 할 줄 하는 부하가 되어 보기 바란다. 그러면 당신의 대인 관계도 더 윤택해질 것이다. 물론 남들보다 좀 더 빠른 승진을 할 수도 있을 것이다.

6 ' Z세대는 말보다 SNS로 표현한다 '

우리는 일반적으로 출생연도에 따라 세대를 구분한다. X세대는 1960~1970년대에 출생한 사람을 말한다. 그리고 1955~1963년에 출생한 사람을 베이비부머 세대라 부르고, 1960~1969

년에 출생한 사람들을 386세대라고 부른다. 이는 1990년 당시 30대이고, 80학번이면서 1960년대 출생자들을 의미한다.

Y세대는 1980~1995년에 출생한 사람을 말하고, Z세대는 1995년 이후 출생한 사람을 말한다. 세대들의 특징을 살펴보면 X세대는 경제적 풍요 속에서 각자의 개성을 중요시하고, Y세대는 인터넷 활용과 소셜 미디어 공유를 생활화하는 세대로서 욜로(You Only Live Once : 현재 행복을 가장 중시하고 소비하는 태도)와 워라밸(Work-life Balance : 일과 삶의 균형) 등을 핵심 가치로 여기는 세대이다.

Z세대는 밀레니엄 키드로 PC보다 스마트폰과 태블릿을 먼저 접하는 모바일 네이티브 세대로 본인의 개성과 취향을 중요하게 생각하는 세대로 볼 수 있다.

현재 대부분의 직장은 이처럼 다양한 세대가 모여 근무한다. 직장에서 소통을 잘하기 위해서는 세대 간에 서로의 생각과 가치를 이해하려는 노력이 필요하다고 생각한다. 예를 들면, X세대인 이사는 Z세대의 특성을 이해하려고 노력해야 업무와 관계를 원만하게 할 수 있다. 또 X세대와 Z세대에 낀 Y세대는 위아래로 눈치를 봐야 하는 샌드위치 세대로 가끔 꼰대 짓을 하는 X세대 상사들이 갑갑하긴 하지만, 마음에 안 들면 자리를 박차고 회사를 떠나는 Z세대 후배들을 부러워하는 사람들이다.

'취업 포털 사람인'의 분석에 의하면 요즘 입사하는 신입사원은 1990

년대 중·후반 출생으로 1년 내 조기 퇴사율도 높다고 한다. '취업 포털 사람인' 조사한 자료에 의하면 조사 대상 기업의 66%가 신입사원의 조기 퇴사 경험을 갖고 있다고 한다. 자기가 하는 일에서 의미와 가치를 찾지 못하면 미련 없이 떠나는 Z세대의 특성이 드러난 수치인 것 같다.

하지만 회사가 성장하기 위해서는 세대 간의 갈등을 최소화하고, 세대 간에 서로 조화를 이루고 이해하는 것이 중요하다. 예를 들면 X세대 상관이 Z세대 부하에게 버릇없다고 욕하기보다 그들의 입장에서 이해하는 것이 선행되어야 한다. 그들을 이해하지 못해서 나온 말이 최근 유행하고 있는 '라떼는 말이야(나 때는 말이야)'이다. 기성세대인 상관이 신세대 부하를 이해하지 못함을 비꼬는 말이다.

최근 언론보도 기사를 보면 대기업 오너나 최고 경영자(CEO)들이 직접 유튜브로 직원들과 소통하고, 자유로운 복장으로 근무하게 하고, 호프나 카페에서 CEO와 번개팅을 하는 등 기업 문화를 바꾸고 세대 간 소통을 위해 솔선수범하는 사례가 많아지고 있다.

과거에는 팀장이 마음에 안 들면 팀원끼리 뒷담화를 하면서 스트레스를 풀었는데, 요즘은 그 뒷담화 내용이 SNS, 블라인드, 사내 익명 게시판, 카카오 등에 그대로 올라간다고 한다. 상관 입장에서는 신세대들의 타깃이 되지 않기 위해서 말도 조심하고, 야근도 함부로 못 시킨다고 한다.

그렇다고 해서 신세대가 무조건 기성세대를 무시하고 예의가 없는 것은 아니라고 생각한다. 단지 생각이나 가치관의 차이는 있을 수 있을 것 같다. 그들도 기성세대의 경륜과 장점을 잘 알고 있기 때문에 배우고 싶어 하는 마음도 있을 것이다. 중요한 것은 신세대가 중요하게 느끼는 가치나 생각을 기성세대가 먼저 이해하고, 그들에게 기성세대의 가치와 생각을 잘 전달할 수 있는 방법을 연구해야 한다.

그 방법 중의 하나로 그들을 대하는 말투부터 바꿔야 한다. 신세대 가치나 생각을 인정하고, 이해하고, 장점을 찾아 칭찬하고, 인정해 주면 그들과 함께할 수 있는 '공감 영역'이 생길 것이다. **'공감 영역'이 생기면 서로의 가치관이나 생각도 충분히 교감할 수 있을 것이다.** 출근하고 싶은 회사, 만나고 싶은 상관이 많은 회사, 평생 몸담고 싶은 회사로 성장하기 위해서는 세대 간 갈등을 최소화하려는 노력을 지속적으로 해야 한다.

제5장

여언(慮言), 상대를 배려하는 말투

아무 생각 없이 내뱉는 우리의 말투는
상대방에게 큰 상처를 줄 수도 있다.
자안애어(慈顔愛語)라는 말이 있다.
사람을 대할 때는 항상 웃는 얼굴과
사랑스런 말씨를 사용하라는 뜻인데,
거친 말이 많이 난무하는 요즘에 어울리는 말 같다.

1   ' 자존심을 긁는 말투는 누구나 싫어한다 '

　　　　　　　　　분위기 좋은 사무실을 만들기 위해 아무 생각 없이 날리는 농담이 듣는 부하 입장에서는 가슴에 큰 상처가 될 수 있기 때문에 항상 조심해야 한다. 내가 모신 P과장님은 너무 솔직하고 자기의 생각을 가감 없이 말하는 말투 때문에 부하에게 자주 상처를 주었다. P과장은 주로 상대의 신체적 약점이나 능력, 외모 등에 대해 너무 솔직하게 말하는 것이 습성화되어 있어 실수를 자주 할 뿐만 아니라 자기가 행한 실수를 전혀 인지하지 못하고 있는 것이 문제였다. 요즘은 갑질 말투, 성희롱 말투, 인격을 모독하는 말투 등으로 상대가 문제를 삼으면 책임을 져야 하는 시대이다.

　　P과장의 생각 없는 말투를 보면 대체로 이런 식이다. 우리 과에서 제일 미남인 K중령에게 "얼굴은 미남인데, 아이디어나 성과는 별로야." 이런 지적을 받은 K중령은 마음이 많이 상했다고 한다. 평소에 P과장에게 비교적 좋은 인상을 가지고 있었는데, 이 말을 듣고부터는 P과장의 얼굴조차 보기가 싫어졌다고 한다. 또 P과장은 몸무게가 많이 나가는 Y중령에게 "비만은 병인데 치료할 노력은 하고 있나. 그 몸무게로 진급할 수 있겠나"라고 말해 Y중령은 업무 외에 P과장을 보기가 싫어 피해 다닌다고 이야기한 적이 있다.

　　이처럼 윗사람은 비록 농담이라도 상대의 신체적 약점이나 부족한 점을 아무 생각 없이 가볍게 말하지만 이 말을 듣는 상대방은 자존심이 상할 수가 있다. 단순히 자존심이 상하는 수준을 넘어 정신적 트라우마로 발전할 수도 있다. 특히, 신체나 외모에 대한 비하, 부모나 가정에 대한 비하, 출신 학교나 출신 지역에 대한 비하 등은 신중하게 생각하고 조심해서 말해야 한다.

자안애어(慈顔愛語)라는 말이 있다. 사람을 대할 때는 항상 웃는 얼굴과 사랑스런 말씨를 사용하라는 뜻인데, 거친 말이 많이 난무하는 요즘에 어울리는 고사성어라고 생각한다.

2 ' 잘못이 있을 때는 은밀하게 혼을 내라 '

부하가 잘못을 했다면 어떻게 충고를 해야 할까. 성격이 급한 상관은 잘못을 보자마자 직설적으로 잘못한 행위에 대하여 바로 교육할 것이고, 상대를 배려할 줄 아는 상관은 참고, 기다리고 있다가 개별적으로 교육을 하려고 할 것이다.

우리는 상대가 잘못을 하면 비판보다 비난을 하게 된다. 비판과 비난의 차이는 무엇일까. 일반적으로 비난은 잘못을 지적하고, 떠들어대면서 상대방에게 정신을 황폐하게 하는 것을 말하며, 비판은 상대를 야단치는 것이 아니라 상대의 잘못을 바로잡는 데 있다. 즉, 상대방의 감정에 상처를 주는 것이 아니라 상대가 더 좋은 성과를 낼 수 있도록 도와주는 것이 비판이다.

부하가 잘못을 했다면 어떻게 비판을 해야 할까. 첫째, 남이 보지 않는 곳에서 따로 불러내어 이야기를 해야 한다. 많은 사람이 보는 앞에서 잘못을 지적하면 상대의 체면도 상하게 되고, 비판의 효과보다 오히려 반감을 유발할 수 있기 때문에 비판은 남몰래 은밀하게 해야 한다.

'예기'에 이런 말이 있다.

"존객지전, 부질구(尊客之前, 不叱狗)"
"존귀한 손님 앞에서는 개도 꾸짖지 않는다"

둘째, 상대를 비판하기 전에 먼저 칭찬거리를 찾아 칭찬한다. 칭찬을 하면 상대는 마음의 방어벽을 열게 되고, 상대방의 충고를 쉽게 받아들일 수 있을 것이다. 만약에 칭찬 없이 단도직입적으로 상대를 비판하게 되면 상대는 자신을 방어하려는 본능이 작동하여 상대방의 의견을 수용하지 않으려고 할 수도 있다.

셋째, 그 사람의 인격을 비판하는 것이 아니라 잘못한 행위만을 비판해야 한다. 어떤 잘못한 행위에 대해서만 충고를 해야지, 그 행위보다 인간성이나 다른 문제들과 엮어서 상대를 비판하면 상대방도 반감을 가지게 될 것이며, 그 비판을 수용하지 않으려고 할 것이다.

넷째, 비판할 때는 잘못을 개선하는 방법도 가르쳐 주어야 한다. 특히, 부하에게 교육 시 잘못된 행위만 지적하지 말고, 잘못된 행위와 그 행위를 개선시킬 수 있는 방법을 가르쳐 주어야 한다. 개선 방법을 가르쳐주지 않는 것은 표적이 어딘지 모르는데 총을 쏘라는 이야기와 같다. 공자(孔子)도 이런 이야기 했다. **"以不教民戰, 是謂棄之(이불교민전, 시위기지)". 즉 백성을 가르치지 않고 전쟁터에 내보는 것은 백성을 버리는 것과 같다.** 비판의 목적은 더 나은 성과나 더 좋은 방향을 제시하는 것이기 때문에 항상 교육적인 요소를 포함시켜야 한다.

다섯째, 비판할 때는 부드럽게 말해야 한다. 상관이라고 해도 상대에게 명령하듯이 강하게 말하게 되면 상대는 처음부터 마음을 닫아 버릴 수 있기 때문에 부탁하는 듯한 말투로 하는 것이 효과적이다. 예를 들면 "자네가 이런 실수를 했는데, 내 생각은 자네가 이런 방향으로 좀 고쳐주었으면 좋겠네."라고 부탁하면 상대도 적극 수용하지 않을까.

마지막으로 비판은 상대로부터 야단을 맞는 것이 아니라 위로를 받는 느낌이 들 수 있도록 우호적이고 따뜻한 말투로 마무리해야 효과가 있다. 이처럼 부하에 대한 비판도 사전에 충분히 생각하고, 상대방의 입장에서 기분 나쁘지 않게 하고, 부하가 자기를 도와주려고 상관께서 이런 말씀을 하시는구나 하는 마음을 느낄 수 있도록 한다면 그 효과는 더욱 클 것이다.

3   '꼰대가 안 되려면 상대의 말을 경청하라'

2019년 9월 영국 BBC에서는 오늘의 단어(Word of the Day)에 꼰대(Kkondae)라는 단어를 선정했다고 보도했다. '꼰대'라는 한국어 발음을 그대로 옮기고, 그에 대한 설명으로 '자신이 항상 옳다고 믿는 나이 많은 사람'이라고 정의했다.

꼰대의 어원은 여러 가지 설이 있는데, '주름이 많다'는 의미인 번데기의 경상도 사투리인 '꼰데기'에서 나왔다는 설과 나이 든 어른 세대의 상징인 '곰방대'의 줄인 말이라는 설도 있다고 한다. 나의 개인적인 의견은 나이가 많아 주름이 있는 어른을 상징하는 것이 꼰대가 아닐까 생각해 본다. '꼰대'라는 말이 너무 많이 사용되어 요즘에는 꼰대에 맞서는 '역꼰대'라는 말도 나왔다고 한다. 이는 나이 든 연장자나 윗사람을 꼰대로 보고 그들과 대화하는 것 자체를 회피하는 젊은 세대를 지칭하는 말일 것이다. 역꼰대들은 예절이나 상식 등 잔소리가 아닌 지식을 제공하는 것도 꼰대가 하는 짓이라고 무시하면서, 외면하는 것이 특징이라고 한다.

꼰대는 성별과 나이, 직위와는 관계가 없는 것 같다. 우리나라는 5060 남자 중에 꼰대가 많다고는 하지만 여성이나 젊은 층에도 꼰대가 있을 수 있다. 나는 꼰대는 말하는 방법이나 가치관에 문제가 있는 사람이라고 생각한다. 아무리 옳고 상식에 맞는 말을 하더라도 잔소리처럼 하거나 나이나 자기의 우월적 지위를 이용하여 윽박지르면서 한다면 비록 말투에 진정성이 있더라도 꼰대라는 소리를 들을 수밖에 없다고 생각한다.

꼰대와 멘토(Mentor)가 어떻게 다를까. 꼰대는 자신의 성공담이나 직위를 자랑하면서 부하에게 명령하듯이 말하거나 자기 주장만 하고 잔소리하는 사람을 말한다. **멘토는 부하의 단점이나 잘못을 말하기보다는 장점과 칭찬을 통하여 좋은 방향으로 이끌어주고 도움을 주는 사람이라고 생각한다.**

요즘 2030 세대들은 멘토를 어디에서 찾을까. SNS의 영향인지 모르지만 2030 세대들은 인쇄 매체(33%)나 영상 매체(27%), 회사(15%), 가정(13%), 학교(9%) 등에서 멘토를 찾는다는 언론 보도를 본 적이 있다. 이 보도를 보면 가정이나 학교보다 오히려 직장에서 멘토를 더 많이 만들고 있다는 것을 알 수 있는데, 직장에는 잔소리만 하는 꼰대만 있는 것이 아닌 것 같다.

또한 '라떼는(나 때는) 말이야, 이렇게 했지'라고 하면서 언제나 자신의 의견만 옳고 상대의 의견을 무시한다면 누구든지 꼰대 취급을 받을 수 있다. 특히 윗사람이 꼰대 소리를 듣지 않으려면 비록 나이가 적고, 직급이 낮은 사람이라도 항상 그의 말을 경청하는 것이 중요하다. 그냥 척하는 경청을 해서는 안 된다. 상대의 눈동자 색깔을 확인할 수 있을 정도로 상대의 눈을 응시하면서, 상대의 말에 맞장구를 치면서, 상대의 마음과 하나 되는 것이 진정한 경청이라고 할 수 있다. 상대방의 말에 귀를 기울이면 그 사람의 마음을 얻을 수 있다.

"**사람의 마음을 얻으면 도와주는 사람이 늘어난다(得道多助:득도다조)**"고 맹자도 이야기했다. 당신도 꼰대 소리를 듣지 않으려면 지금부터 상대의 말에 귀를 기울이고, 공감 능력이 탁월한 상관이 되어 보라.

4   ' 80점에 만족하는 상관이 멋있다 '

조직을 이끄는 상관의 입장에서는 항상 좋은 성과를 내기 위해 조직원들을 독려할 수밖에 없다. 성과를 달성하는 방법도 상관의 성격에 따라 다르다. A라는 상관은 목표나 방향, 방법 설명도 없이 오로지 공포심만 조장하여 "만약에 이번에도 목표를 달성하지 못하면 모두 각오해"라는 엄포성 발언으로 목표 달성을 종용하고, 또 B라는 상관은 우리가 목표를 달성해야 할 목표와 이유, 방법, 만약에 목표를 달성하지 못하면 회사가 감당해야 할 적자 등을 구체적으로 설명하고, 이를 극복하기 위해 "우리 모두가 힘을 합쳐 한 방향으로 우리의 노력을 집중하자."라고 말하는 상관이 있다. 당신은 어떤 스타일의 상관인가.

패션 사업을 하는 K회장은 모 TV에 출연해서 자기의 좌우명은 '80점 주의'라고 했다. 그가 미국에서 10살 연상의 동업자와 사업을 할 때 그 동업자는 K회장에게 항상 '80점 주의'를 주장했다고 한다. 100점을 추구하면 좋겠지만 100점을 맞으려면 서로가 피곤해진다는 것이다. 그가 말한 '80점 주의'는 거래나 계약 시에 서로 적당히 양보하게 되어 있고, 궁극적으로는 사업에 좋은 결과를 가져 온다는 것이다.

우리의 인간관계도 마찬가지이다. 부하나 상관이 마음에 드는 사람이 얼마나 되겠는가. 어느 정도 마음에 들면 만족할 줄 알아야 상하관계가 원만해질 것이다. 누구나 100점을 맞고 싶은 것이 인간의 숨겨진 욕망일 것이다. 100점을 맞기 위해서는 남다른 열정과 노력이 필요할 것이고, 지나친 승부욕과 경쟁심은 아랫사람뿐만 아니라 윗사람에게도 부담을 줄 수도 있을 것이다.

상관이 열정적이면 부하들이 고생하게 되어 있고, 부하가 열정적이면 동료 간 서로 화합하기 어렵고 조직 내에서 불협화음이 생길 가능성이 많고, 이는 또 상관에게 고민이 될 수 있다. 각종 업무나 성과에서 100점은 완벽의 점수이지만, 완벽 뒤에는 숨어 있는 갈등 요소들이 많다는 것을 알아야 한다. 그래서 '80점 주의'는 우리의 인간관계를 원만하게 하는 마법의 점수가 아닌가 싶다.

5 ' 직장 내 괴롭힘 1번은 '상사의 폭언'이다 '

모 중소기업 사원인 A씨는 상사인 B과장의 폭언에 시달린 적이 있다. 입사 환영 회식 때 "아무리 봐도 비전 없고, 허접한 우리 회사에 지원한 것 보면 학교 다닐 때 공부는 안하고 많이 논 모양"이라고 빈정거렸고, 업무가 서툴러 실수를 하게 되면 "대학까지 나온 사람이 그것도 못해"라고 하면서 면박을 주는 등 부하인 자기를 너무 노골적으로 무시해 지방노동청에 직장 내 괴롭힘 여부를 판단해 달라고 진정서를 냈다는 언론 보도를 본 적이 있다.

직장 내 갑질을 막기 위해 2019년부터 '직장 내 괴롭힘 금지법'이 시행되고 있다. 또 직장 내 갑질 등 부당한 사례를 상담해 주는 '직장 갑질 119'라는 민간단체도 생겼다. 한 언론 보도에 따르면 직장 내에서 가장 많이 발생하는 괴롭힘은 막말과 욕설이 40%나 차지한다고 한다. 그 외에도 부당한 업무 지시(28%), 험담이나 따돌림(12%) 등이 발생한다고 한다.

직장 내 괴롭힘 신고는 주로 규모가 작은 회사에서 많이 발생하는 경향이 있는데 이는 체계적인 관리가 어려운 회사 환경 때문인 것으로 판단된다. 위의 사례에서 보는 것처럼 직장 내에서의 괴롭힘은 주로 우월적 지위에 있는 상관이 부하에게 행하는 경우가 많다. 직위가 높을수록 부하에게 말하는 말투를 조심해야 한다. 자존심을 상하게 하는 말투를 들은 부하는 그 상관을 어떻게 생각할까. 아마도 업무 이외에는 상대하기 싫은, 보기 싫은 상관으로 생각할 것이며, 존경하기보다는 오히려 없어지면 좋을 존재로 여길 것이다. 아무 생각 없이 내뱉는 우리의 말투는 상대방에게 큰 상처를 줄 수 있다. 칼로 베인 상처는 쉽게 아물지만 말로 베인 상처는 영원히 아물지 않을 수도 있다.

부하에게 잔소리를 할 때는 세 번 생각하고, 말하는 삼사일언(三思一言)

의 자세가 필요하다. 잔소리를 하기 전에 부하의 장점이나 성과 등을 먼저 칭찬하고, 자신도 과거에 부하와 똑같은 실수를 하여 윗사람에게 야단을 맞은 후 발전했다는 내용을 포함하여 잘못된 내용, 잘못된 행위에 대하여 꼭 필요한 내용만 교육하고, 어떻게 하면 잘할 수 있는지에 대한 방법을 가르쳐 주어야 잔소리를 듣는 사람도 거부감 없이 받아들일 것이다.

6   ' 밥상머리 예절도 상사가 가르쳐야 한다 '

요즘 기업들은 신입 사원들의 예절 교육까지 고민한다고 한다. 모 그룹에서는 신입 사원 교육 프로그램에 '직장 예절'을 포함시켰다고 한다. 인사하는 법, 승용차, 엘리베이터 탑승 시 상석 구분하는 법, E-mail 작성법 등을 가르친다고 한다. 또 민병철 교육그룹에서는 신입 사원 예절 교육 매뉴얼을 만들어 사용하고 있는데, 여기에는 전화 받는 법, 상사에게 보고하는 법, 지적받았을 때 표정 관리법 등이 포함되어 있다.

이러한 교육은 가정이나 학교에서 익혀야 되는 것이었지만 요즘은 맞벌이 부모가 많아 가정교육이 소홀할 수밖에 없는 사회구조 자체가 문제이지 젊은이들만 탓해서는 안 될 것 같다. 직장 예절에서 중요한 것이 식사 예절이라 생각한다. 식사는 같은 직장 동료뿐만 아니라 거래 회사 사람들과 접촉하는 기회이자 회사 입장에서는 비즈니스 최전선이기 때문에 식사 예절과 대면 기술, 대화 매너는 중요한 요소이다.

'디지털 세대'인 젊은이들의 또 다른 문제는 대면 능력(對面能力)이 부족한 점이다. 어릴 때부터 인터넷과 스마트폰을 사용하고, 친구와의 소통도 카카오톡으로 하는 것이 숙달된 젊은이들에게는 1:1로 이야기하는 것이 부담스러울 수밖에 없다. 특히, 상관일 경우 얼굴을 마주 보고 대화하기가 더 어려울 것이다.

내 강의를 듣는 수강생 중 한 명이 기말고사 성적 채점이 끝난 뒤 휴대 전화로 두서없는 간단한 문자를 보냈다. "교수님, 저의 점수를 조금만 올려 주시면 감사하겠습니다." 궁금해서 해당 학생에게 전화를 해서 확인해 보았더니, "자기는 4학년이고 이번에 성적이 저조하면 만회할 기회가 없어서 문자를 보냈다"고 했다. 그 학생에게 다시 물었다. "4학년이고, 이번 성적이 중요하다면 더 열심히 공부하거나, 또 그러한 사정이 있으면 사전에 전화나 상담을 해야지 성적 처리가 다 끝나고 이렇게 간단하게 문자로 보내는 것이 예의라고 생각하느냐"고 물었더니, 학생의 대답은 이랬다. "교수님의 얼굴을 보고 1:1로 말씀드리는 것이 부담스럽고, 문자는 자기가 생각하는 내용만 보내면 되는데 전화는 인사도 해야하고, 어떤 대화를 해야 할지 부담이 되어서 문자를 보냈다"고 했다. 자기는 문자로 보내는 것이 예의에 어긋난다고 생각하지 못했다고 했다.

물론 급하면 문자를 보낼 수도 있다. 문제는 요즘 젊은이들이 사람을 만나서, 눈을 맞추고, 서로 대화하고, 공감하는 대면 관계 자체를 부담스럽게 생각한다는 것이다. 회사의 거래처 사람과 식사하는데 왜 자기가 종업원처럼 서비스를 해야 하는지, 어떤 보고 사항이 있는데 문자로 보고하는 것이 왜 문제인지, 모임이 있으면 상사와 똑같이 정시에 도착해도 문제가 없다고 생각하는 젊은이들을 이해하되 상사는 이런 부하에게 상황에 맞는 필요한 교육을 해야 한다.

친구 같은 부모 밑에서 불편함 없이 귀하게 자란 젊은이들이 부모가 아닌 다른 어른들과 난생 처음으로 관계를 맺다 보면 대인 관계에 갈등이나 부담이 생길 수밖에 없다. 직장에서 상사와 부하는 인간적으로는 평등하지만 권한이나 혜택 등은 평등하지 않다는 것을 신입 사원들은 잘 모른다. 회사에는 위계질서가 있다. 회사에 오래 근무하고, 경험도 풍부하고 성과도 많고 회사와도 신뢰 관계를 많이 쌓고 있는 상사에게 더 많은 권한을 주는 것이 당연하지만 신입 사원들은 부모와 자기의 관계처럼 자기도 상사와 같은 권한을 가져야 된다고 생각하는 경향이 있는 것 같다.

직장의 상사는 이러한 젊은이들에게 부모가 가정에서 해야 할 교육인 식사 예절, 인사법, 음주 예절, 보고하는 법 등도 일일이 가르쳐야 한다. 그것이 리더의 책무이기 때문이다. 리더는 조직에서 또 다른 미래의 훌륭한 리더를 양성해야 할 책임이 있기 때문이다.

7 ' 상관은 정직하고 충성스런 부하를 좋아한다 '

직장 상사가 원하는 부하는 어떤 사람일까. 아마도 정직하고, 직무 지식이 풍부하고, 긍정적이고, 성과가 많은 충성심이 좋은 부하가 아닐까. 나의 경우에도 군대 생활 할 때 정직하고, 자기 일을 주도적으로, 적극적으로 하고, 주위 동료들과 협조를 잘하는 부하를 높게 평가했다.

특히, 공직에서 근무하는 사람은 무엇보다 정직이 중요한 요소인 것 같다. 정직이 무너지면 신뢰가 무너지고, 신뢰가 무너지면 전부가 무너지는 것과 같기 때문이다. **공자(孔子)도 정치에서 가장 중요한 것은 신뢰라고 강조했다.** 백성들은 신뢰가 없으면 살아가기가 어렵다(民無信不立)'고 했다. 예나 지금이나 어느 조직에서나 신뢰는 무엇과도 바꿀 수 없는 큰 가치이다.

반대로 내가 신뢰하지 않았던 부하는 기본적인 예의가 없고, 자기 업무에 정통하지 않고, 같은 실수를 반복하고, 일과 간에 사적인 일을 하거나 주변 동료들과 협조하지 않고 험담을 하는 사람, 매사 불만이 많고 규정을 잘 지키지 않는 부하였다.

부하 중에 J라는 사람이 있었는데, 일도 잘하고 대인 관계도 좋고, 운동도 잘하는 팔방미인이었는데, 술을 절제하지 못하는 큰 단점을 가지고 있었다. 일단 술을 마시면 정신을 못 차릴 정도로 마시고, 동료나 주변 사람을 못 알아보고 횡설수설하는 나쁜 버릇을 가지고 있었고, 술을 마신 다음 날은 지각하는 날이 많은 부하였다. 자신의 술버릇 때문에 자신의 장점을 다 까먹었다.

영국의 가디언지에서 '상사가 부하를 싫어하는 이유 10가지'를 소개

했다. 영국인과 한국인의 직장 문화는 다르지만 느끼는 바는 비슷한 것 같다. 부하가 싫은 이유를 살펴보면 지각 시 서투른 변명하는 것, 주도권이 부족한 것, 너무 독창성이 많은 것, 업무 중 잡담 및 사적 외출, 충성하지 않는 것, 열정과 관심 부족, 상사를 친구로 생각하는 것, 사소한 거짓말, 어린아이 같은 행동, 자신의 직분에 충실하지 않는 것 등이었다.

위의 10가지 요소 중 당신에게 해당하는 것은 몇 가지인가. 여러 가지가 해당된다면 당신도 당신의 상관으로부터 인정받지 못할 수 있다. 성공을 원한다면 당신의 생각과 행동을 지금 바로 바꿔야 한다. 일반적으로 상관은 충성심이 강하고, 정직하고, 자기 업무에 정통하고, 구성원들과 서로 화합을 잘하는 부하를 좋아하게 되어 있다.

제6장

예언(禮言),
친한 사이라도 예의 있는 말투

조지 워싱턴은 "진정한 우정은 천천히 자라는 식물과 같다."고 했다.
진정한 친구를 만들기 위해서는 오랜 기간이 걸린다.
식물이 비바람, 천둥, 폭설 등을 맞으면서 성장하듯이 진정한 우정이 싹트기 위해서는 친구와 함께 여러 가지 역경과 시련을 겪어보아야 한다.
친구는 숫자가 중요한 것이 아니라, 얼마나 친밀한가가 중요하다.
당신은 당신의 목숨과 바꿀 친구가 몇 명이나 있는가.
만약에 없다면 당신이 그런 친구가 되어주면 된다.

1   '당신의 친구는 몇 명인가?'

내 휴대 전화에 저장되어 있는 사람은 2,212명이다. 지금까지 살아오면서 함께했던 선후배와 동료, 친구, 동창, 지인 등이 포함되어 있다. 몇 년 전에 한두 번 만난 사람도 있고, 지금은 거의 연락이 없는 사람도 있다. 이 중에서 진짜 친구는 몇 명일까.

어느 선배가 현직에서 은퇴를 하면서 전화번호와 각종 모임을 다이어트를 했다는 이야기를 들은 적이 있는데, 나도 조만간 정리를 해야 되겠다는 생각이 든다. 2,000개가 넘는 연락처 중에서 매일 통화하는 사람, 일주일에 한 번 통화하는 사람, 한 달에 한 번 통화하는 사람, 일 년에 한두 번 통화하는 사람은 남겨 두더라도 몇 년간 통화를 하지 않은 사람은 정리하는 것이 맞는 것 같다.

인간이 사회적 관계를 맺을 수 있는 숫자에 대해 연구한 영국의 옥스퍼드대 로빈 던바(Robin Dunbar) 교수가 주장한 '던바의 법칙(Dunbar's number)'이 있다. 이는 아무리 인간관계 폭이 넓은 사람이라도 사회적인 관계를 맺을 수 있는 최대 숫자는 150에 불과하다는 법칙이다. 인류학자인 던바 교수가 1993년에 주장한 것으로, 전 세계 원시 부족 마을의 구성원 평균이 150명 안팎이라는 사실을 발견한 데 따라 붙여졌다.

던바 교수에 의하면 페이스북 친구가 1,000명이 넘는 사람이라도 주기적으로 연락하는 사람은 150명 정도에 불과하며, 그중에서도 친밀한 관계를 유지하는 사람은 채 20명도 되지 않는다고 주장했다. 그리고 매우 곤란한 상황에서 도움을 요청할 수 있는 진짜 친한 관계는 3~5명이며, 이 관계가 모든 관계의 핵심이 된다는 것이다. 어쩌면 오늘날 우리가 관계를 맺고 있는 사람도 던바 교수가 주장한 숫자와 비슷할 것 같다. 많은 사람을 알고는 있는데, 내가 어려울 때 나를 진정으로 도와줄 수 있는 친구는 과연 몇 명이나 될까.

조지 워싱턴은 **"진정한 우정은 천천히 자라는 식물과 같다."**고 했다. 진정한 친구를 만들기 위해서는 오랜 기간이 걸린다. 식물이 비바람, 천둥, 폭설을 맞으면서 성장하듯이 진정한 우정이 싹트기 위해서는 친구와 함께 여러 가지 역경과 시련을 겪어봐야 한다. 그래야 우정이 돈독해진다. 기쁠 때 칭찬해 주고, 어려울 때 곁에서 따뜻한 응원의 말을 해줄 수 있는 그런 친구가 필요하다. 친구는 숫자가 중요한 것이 아니라, 얼마나 친밀한가가 중요하다. 당신은 당신의 목숨과 바꿀 친구가 몇 명이나 있는가. 만약에 없다면 당신이 그런 친구가 되어주기 바란다.

2 ' 먼저 다가가야 좋은 친구를 얻는다 '

당신의 고민을 상담해 줄 친구는 몇 명이나 되는가. 알고 지내는 사람은 많은데, 나에게 고민이나 어떤 문제가 생겼을 때 마음을 터놓고 얘기할 수 있는 동료나 친구는 얼마나 될까?

좋은 친구나 동료를 만들려면 나부터 상대방에게 먼저 다가가서 마음의 커튼을 열고 상대에게 좋은 친구가 되는 것이 중요하다. 그러려면 상대에게 당신의 고민이나 비밀을 먼저 털어 놓아야 한다. 그래야 상대도 당신을 더 신뢰하게 되고, 더 빨리 친해질 수 있는 동기가 될 수 있을 것이다. 이것이 '관계 형성하기'이다.

만약 당신이 친해지고 싶은 상대가 있다면 당신의 고민이나 감정 등을 상대방에게 드러내어 당신의 마음을 먼저 열어라. 자기 자신을 감정적으로, 심리적으로 먼저 개방함으로써 상대에게 신뢰감을 심어줄 수 있고, 친밀감을 나눌 수 있는 기회를 가질 수 있다. 자신의 약점이나 비밀을 드러낸다는 것은 자존심이 상할 수도 있지만 상대로부터 신뢰와 우호적인 태도를 이끌어 낼 수 있다.

예를 들어 평상시 대인 관계에서 불편하거나 어려운 상대가 있다면 먼저 말을 건네면서 고민을 이야기해 보라. "김 과장님! 제 고민 좀 들어주실 수 있습니까?"라고 말하면, 김 과장은 '회사에 많은 사람이 있는데, 이 친구가 나를 믿고 고민을 털어놓네. 나도 마음을 열고 이 친구를 도와줘야겠네.'라고 생각할 것이다.

대인 관계를 넓히는 데 도움이 되는 것 중의 하나가 '어려울 때 함께 해주는 것'이다. '함께 웃은 사람은 쉽게 잊지만 함께 눈물을 흘린 사람은 평생 잊지 못한다.'라는 말이 있다. 기쁠 때보다 어렵고, 힘들고, 슬픈 일이 있을 때 함께해 주는 친구가 진정한 친구이다.

'명심보감(明心寶鑑)'에 이런 말이 있다.

"酒食兄弟千個有(주식형제천개유)
急難之朋一個無(급난지붕일개무)"
"술 먹고 밥 먹을 때 형님, 동생은 천 명이나 되지만
급하고 어려울 때 도와줄 사람은 단 한 명도 없다."

내가 아는 K장군(將軍)은 부하가 상(喪)을 당하면 군복을 입고 직접 조문을 다녔다. 그리고 함께 근무하는 동료들도 가능하면 군복을 입고 많이 참석할 수 있도록 관심을 가져 주었다. 군복을 입고 조문을 하는 이유는 상을 당한 부하의 가족들이나 친지들에게 함께 근무하는 전우들이 와서 같이 슬픔을 나누고 있다는 것을 보여주기 위함이리라.

상을 당한 부하 입장에서는 친지들에게 체면도 서고, 근무도 잘하고, 대인 관계도 좋다는 것을 간접적으로 보여줄 수 있는 것이다. 이러한 실천은 사소하지만 부하로 하여금 부대를 위해 더욱 충성할 수 있는 계기를 만들어 주는 것이다.

내가 나의 동료나 친구를 소중하게 생각하면 그 친구도 나를 그만큼 소중하게 생각할 것이다.

3   ' 가까울수록 말조심을 해야 한다 '

지금 당신과 같이 근무하는 부하가 언젠가는 당신의 상관이 될 수도 있다. 내가 지금 갑의 위치에 있다고 해서 부하에게 함부로 말하면 안 된다.

직장에서 동료에게 사용하지 말아야 할 말투 몇 가지를 소개하고자 한다. 첫째, 상대를 경멸하는 말투는 삼가야 한다. 경멸(輕蔑)의 사전적 의미는 상대를 깔보아 업신여기는 것이다. 경멸적인 말투는 상대를 무시하는 잔인한 말이기 때문에 항상 조심해야 한다. 둘째, "당신은 신경 끄세요"이다. 당신이 왜 우리 팀의 일에 왜 신경을 쓰냐고 따지듯 이야기하면 상대는 어떤 마음을 가질까? 아마 당신에게 조인트를 날리고 싶을 것이다. 셋째, "나 지금 바빠요. 핵심이 뭐예요"이다. 이는 하찮은 당신의 이야기를 길게 듣기 싫으니, 빨리 하고 싶은 이야기를 하라는 상대방을 무시하는 말투이다. 우리가 백화점에 가서 원하는 옷을 쉽게 결정하지 못할 때가 있다. 이런 경우 통상 직원에게 추천을 받는다. "매니저님! 고객들이 어떤 스타일을 많이 찾나요?"라고 질문을 했을 때, 매니저가 "고객님께는 아무거나 다 어울릴 것 같네요"라고 대답한다면 고객 입장에서는 "귀찮으니 아무거나 선택해서 빨리 가세요"라는 의미로 받아들일 수 있다. 넷째, "그것도 모르세요?"이다. 어떤 질문을 하거나 어떤 사안에 대해 물어보았을 때, "그것도 몰라요?"라고 무시하듯 말하면 상대는 마음에 상처를 받을 수 있다. 다섯째, 잘못을 인정하지 않는 말투이다. 만약 당신이 상대에게 잘못한 일이 있다면 분명히 사과하는 것이 중요하다. 잘못을 인정하지 않고 책임을 회피하는 말투는 상대의 화를 더 돋우는 결과를 초래하기 쉽다. 만약 당신이 오늘 누구에게 어떤 실수를 했다면 만나서 직접 사과를 하든지, 아니면 전화를 하거나, 사과의 마음을 담은 문자 메시지를 지금 당장 보내라. 그러면 그 사람은 당신을 용서할 수도 있을지 모른다. '가까울수록 예의를 지키라'는 말이 있다. 일반적으로 사람들이 서로 친밀해지면 '이 정도는 괜찮은 거야'라고 생각하면서 상대를 가볍게 생각할 수가 있다. 관계가 가까울수록, 친할수록 예의를 지키고, 일정한 거리를 유지해야 관계가 지속될 수 있다.

4 ' 말(言)보다 한 편의 시(詩)가 나을 때도 있다 '

우리 주변에 시험이나 진급에 떨어지는 사람이 있을 때 우리는 어떤 위로의 말을 해야 할지 망설여질 때가 많다. 떨어진 당사자도 혼자 있고 싶을 수도 있고, 어느 누구와도 접촉하기 싫어할 수도 있다. 대부분의 사람들은 특별한 위로의 말 없이 모르는 척하고 지나간다. 이럴 때 어떻게 나의 마음을 상대방에게 전달하는 것이 좋을까? 무슨 말을 하더라도 위로가 되지 않겠지만 그래도 상대방에게 나의 마음을 적시에 전하는 것이 낫다고 생각한다. 이런 상황에서는 말이나 전화로 위로하는 것보다 한 편의 시(詩)나 위로가 되는 편지를 보내는 것도 좋은 방법이다.

내가 군대 생활 할 때는 매년 9월~10월에 장교들의 진급 발표가 이어진다. 특히, 대령 진급 발표가 있는 10월은 진급에 성공한 사람은 노란 은행잎과 울긋불긋한 단풍이 아름답게 보이는 결실의 계절이지만 진급 누락자에게는 쓸쓸함과 서운함이 쌓이는 낙엽의 계절이다. 이 시기는 민족의 대명절인 추석과 가까워 진급에 떨어진 사람들은 고향에도 못 가고 자기 신세와 비슷한 떨어지는 낙엽과 함께 쓸쓸하게 보내는 사람이 많다.

나는 대령 진급을 2차에 했다. 1차 대령 진급 발표가 있던 날 내가 모신 선배님께서 위로 전화 대신에 희망적인 의미를 담은 시를 문자로 보내 주었다. 대략 이러한 내용이었다. "차디찬 얼음 속에서도 물고기는 헤엄을 치고, 폭풍과 눈보라 속에서도 매화는 꽃을 피운다. 실패 속에서도 우리는 성공을 찾고, 사막의 열기 속에서도 사람들은 오아시스의 그늘을 찾는다......".

백 마디 말보다 더 위로가 되는 내용이 많아 잠시나마 위축되었던 마음이 풀렸던 생각이 난다. 나는 밤늦게까지 선배님이 보내주신 시를 몇 번이고 쓰면서 새로운 도전을 결심한 기억이 지금도 생생하다. 시험과 진급은 성공하는 사람보다 떨어지는 사람이 많기 때문에 축하보다 위로를 해야 할 경우가 많다. 이럴 때는 위로의 말도 중요하지만 희망적이고, 도전 정신을 일깨우는 시 한 편을 보내보는 것이 어떨까.

5   ' 친구 사이도 지켜야 할 '안전거리'가 있다 '

사람은 누구나 남에게 침범당하고 싶지 않은 사적인 공간을 필요로 하고 그것을 지키려 한다. 우리는 이것을 개인적 공간(Personal Space)이라 부른다. 이 개인적 공간에 타인이 들어오면 심리적으로 위협을 느끼게 되므로 가까운 친구일지라도 개인적 공간을 침범해서는 안 된다. 우리가 대화를 할 때 얼굴을 상대방에게 너무 가까이 하려고 하는 사람을 가끔 보는데, 상대방의 입장에서는 상당히 부담스러울 수밖에 없다.

미국의 문화인류학자 에드워드 홀(Edward T. Hall)은 저서 『숨겨진 차원(The Hidden Dimension)』에서 사람들이 영역권(동물들이 한 영역을 설정, 다른 동물로부터 그것을 방어하는 행동)을 바탕으로 타인과의 상황에 따라 공간의 크기를 선택하는 것을 밝혀내고 이를 네 가지로 분류했다.

에드워드 홀은 사람들이 인식하는 공간을 가족이나 연인 또는 가까운 친구에게만 허용하는 친밀한 공간(intimate space), 친구나 지인과 일상적인 대화를 나누는 개인적 공간(personal space), 회의나 각종 모임에서 적용되는 사회적 공간(social space), 강연할 때 연사 주변에 형성되는 공적인 공간(public space)으로 분류했다.

친밀(밀접)한 공간은 자신의 몸으로부터 0.5m(46cm) 이내, 개인적 공간은 1.2m 이내, 사회석 공간은 1.2 ~ 3.6m 이내, 공적인 공간은 3.6m

이상의 거리를 말한다. 이렇게 분류한 인간관계 거리의 4가지 유형은 다음과 같다.

- 친밀한 거리(intimate distance): 0 ~ 46cm
  (가족이나 연인 사이의 거리)
- 개인적 거리(personal distance): 46 ~ 120cm
  (친구나 가까운 사람 사이의 거리)
- 사회적 거리(social distance): 120cm ~ 360cm
  (사회생활을 할 때 유지하는 거리)
- 공적인 거리(public distance): 360cm 이상
  (연설, 강연이나 무대 공연 등이 이루어지는 거리)

'친밀(밀접)한 공간(46cm 이내)'은 상대방에 대한 신체적·정서적 정보를 확연하게 느낄 수 있는 거리로, 아무리 동료나 선후배 사이라고 하더라도 이 공간을 함부로 침범해서는 안 된다. 이 공간은 자기 방어를 위한 최소한의 사적인 공간이므로 이 영역을 침범 당하면 본능적으로 상대에 대한 거부감이나 공포감을 느낄 수 있는 거리이다.

'개인적 공간(46cm ~ 1.2m)'은 양팔을 벌려 원을 그렸을 때 만들어지는 거리로, 격식과 비격식의 경계 지점으로 여기서 멀어지면 긴장감은 줄어들지만 친밀감이 떨어지고 좀 더 다가서면 긴장감이 고조된다고 한다. '친밀한 공간'과 '개인적 공간'을 사적 영역이라고 한다면 '사회적 공간'과 '공적 공간'은 공적 영역에 속한다.

'사회적 공간(1.2 ~ 3.6m)'은 직장에서 공적인 업무로 대화할 때 주로 사용되며 대화 도중에 참여와 이탈이 자유로운 거리이다.

'공적인 공간(3.6 ~ 7.6m)'은 공중을 대상으로 한 연설이나 강연 등에서 연사 주변에 자동적으로 형성되는 공간이다.

친한 친구 사이일지라도 좋은 관계를 계속 유지하려면 '안전거리'를 지켜야 한다. 위에서 설명한 밀접한 공간(46cm 이내)은 상대방에 대한 신체적·감정적 상태를 확연하게 느낄 수 있는 거리로 아무리 친한 사이라고 하더라도 이 '안전거리'를 함부로 넘어가서는 안 된다. 이 공간은 지극히 사적인 공간이므로 이 영역을 침범하지 않도록 서로 조심해야 한다. 가까울수록 예의를 지켜야 한다. 그래야 그 우정도 오래갈 수 있다.

6 ' 조문 시에는 어떤 말을 건네야 할까? '

결혼식보다 장례식에 참석하는 것이 발걸음이 무겁다. 왜 그럴까? 이유는 간단하다. 결혼식은 기쁜 날이고, 장례식은 슬픈 날이기 때문이다. 특히, 갑자기 돌아가신 분의 조문을 갈 때는 유가족에게 어떤 위로의 말을 해야 할지 망설여지는 때가 많다. 슬프고, 무거운 날이라 말실수라도 하면 괜히 분위기를 망치기 때문에 신중하게 건넬 위로의 말을 미리 준비하는 것이 바람직하다.

어떻게 위로의 말을 전해야 할까.

"얼마나 상심이 크십니까. 힘내십시오."
"너무 좋은 분이셨는데, 너무 마음이 아픕니다."
"너무 안타깝습니다. 저도 너무 슬픕니다."
"친형처럼 생각했는데, 저도 가슴이 너무 아픕니다."
"고인 때문에 제가 진급했는데, 너무 안타깝습니다."
"저도 이렇게 가슴이 아픈데… 힘내십시오." 등 고인과의 좋은 관계를 이야기하고 슬프고, 안타까운 마음을 담아 위로의 말을 전하는 것이 좋은 것 같다.

일반적으로 조문(弔問)과 문상(問喪)에 대해서 헷갈리는 경우가 많다. 조문은 조상(弔喪)과 문상(問喪)이 합쳐진 말이다. 조상은 고인과 인연이 있는 사람이고, 문상은 상주와 친분이 있는 사람이 방문하는 것을 말한다. 조문 시에 보통 "명복을 빕니다."라는 말을 많이 한다. 명복(冥福)이라는 말은 '저세상에서 받는 복'이란 뜻이고, 고인의 명복을 빈다는 의미는 '경건한 마음으로 저세상에서 복을 받길 기원한다.'라는 의미가 내포되어 있는 듯하다.

그리고, 문자나 카톡, 밴드 등으로 상주에게 위로의 메시지를 보낼 때 통상 "삼가 고인의 명복을 빕니다."라는 내용으로 많이 보낸다. 삼가를 붙이려면 "OOO 삼가 고인의 명복을 빕니다."라고 하는 것이 맞다고 한다. 또 "고인의명복을빕니다"라고 띄어쓰기를 하지 않고, 마침표도 찍지 않고 보내는 것이 일반적인데, 이는 육신은 죽었지만 영혼은 아직 진행형으로 저세상으로 가야 한다는 마음에서 마침표를 찍지 않고 문장을 작성한다는 것이다.

또, 부의금 봉투를 접지 않는 이유는 저세상으로 가는 노잣돈을 쉽게 잘 꺼내 쓸 수 있도록 하기 위해서라고 한다. 그럴듯한 주장인 것 같다. 중요한 것은 우리의 마음이 아닐까.

그 밖에도 조문 시 지켜야 할 예절을 알고 있어야 한다.
내가 경험하고, 알고 있는 내용을 정리해 보면 다음과 같다.

첫째, 복장은 검은색 정장에 흰 와이셔츠와 검은 넥타이가 기본이나 요즘은 바쁜 생활 등으로 화려하지 않은 색상이면 용인해주는 분위기다. 그러나 인간관계의 달인들은 승용차에 항상 검은색 정장을 준비해 다닌다고 한다. 언제든지 달려갈 준비를 하고 다닌다는 것이다. 달인은 아무나 되는 것이 아닌 것 같다.

둘째, 조문 시에 휴대 전화는 꺼놓는 것이 낫다. 조문 중에 진동이 울리거나 또는 '축하합니다'나 '와 이리 좋노' 등 분위기를 깨는 컬러링이 흘러나오면 서로 민망할 수 있기 때문이다.

셋째, 조화(弔花)가 있으면 꽃은 영정 사진 방향으로 놓아야 한다. 분향을 한다면 상주에게 목례 후에 무릎을 꿇고 향을 오른손으로 잡고, 촛불을 이용하여 불을 붙이고, 불을 끌 때는 입으로 불지 말고 흔들어서 끄고 향촉 그릇에 심으면 된다.

넷째, 절을 할 때는 남자는 왼손 위에 오른손을 겹치고, 여자는 반대로 하면 된다. 기독교나 천주교 교인들은 절 대신에 가볍게 묵념을 하면 된다.

다섯째, 상주에게 사망 과정을 자세하게 묻는 것은 실례가 될 수 있기 때문에 삼가는 것이 좋다. 음주 시에도 애사(哀事)이기 때문에 잔을 부딪히거나 건배를 하면 실례가 된다.

여섯째, 조문 후 돌아갈 때는 바쁜 상주에게 인사를 안 해도 실례가 되지 않는다. 이상은 일반적인 조문 예절에 대하여 살펴보았다. 이러한 내용은 완벽한 것이 아니다. 그 당시의 상황과 고인과의 관계에 따라 달라질 수 있다.

또, 상주와의 관계가 특별하여 많은 시간을 할애하여 조문을 하고 싶다면 밤늦게 조문하거나 아침 일찍 조문하는 것도 좋은 방법이다. 내가 아는 선배는 가능하면 밤늦은 시간에 조문을 한다고 한다. 이유는 상주가 여유가 있는 시간이기 때문이다. 그렇기 때문에 서로 많은 대화를 나누고 위로할 수 있는 시간을 가짐으로써 관계를 더욱 공고히 할 수 있다는 장점이 있다. 조문하는 입장에서도 모든 일과를 마치고, 가벼운 마음으로 조문하기 때문에 여유롭게 갈 수 있는 장점이 있다. 당신도 사람들이 많이 붐비는 시간보다 상주가 여유로운 시간에 조문을 해보라. 그러면 당신의 편을 한 명 더 만들 수 있을 것이다.

제7장

신언(愼言),
신중하고 점잖은 말투

테레사 메이(Theresa May) 영국 총리가 마지막으로 한 대중 연설에서 이렇게 말했다.
"사람들이 듣고 싶어 하는 것을 말하는 것이 지도자의 역할이 아니다. 지도자는 사람들의 진정한 고민을 해결해야 한다."
또한 메이 총리는 요즘 정치인들의 언어가 갈수록 거칠어지고 있는 것을 비판하면서,
"정제되지 않은 나쁜 말이 불행한 행동으로 연결되고, 증오와 편견이 그들이 하는 일을 어두운 곳으로 향하게 한다"고 강조했다.

1 ' 갑질 말투는 단숨에 나를 무너뜨린다 '

갑질은 계약 권리상 상대적으로 우위에 있는 '갑'의 지위에 특정 행동을 폄하해 일컫는 '질'이라는 접미사를 붙여서 부정적인 어감이 강조된 신조어이다. 상대적으로 우월적 지위에 있는 자가 자신의 신분이나 지위, 위치 등을 이용하여 상대방에게 무례하게 행동하거나 제멋대로 하는 행동을 말한다. 갑질의 범위에는 육체적, 정신적 폭력, 언어폭력, 괴롭히는 환경 조장 등이 포함된다.

직장 생활이나 사회생활을 하다 보면 누구나 한 번쯤은 갑질 피해의 경험을 하게 된다. 특히, 갑질 말투를 사용하는 상대를 만나면 '을'의 입장에서는 자존심이 상하지만 자신이나 자신이 속한 조직 때문에 어쩔 수 없이 참는 경우가 많이 있다. 영화나 TV 드라마를 보면 갑질 말투를 사용하는 장면이 많이 나온다. "야! 그것도 못해, 그 머리는 왜 달고 있어!", "이번 달에 성과가 미흡하면 잘라버린다," "또 실수했어. 그 실력에 진급하겠나." 등 상대의 자존심을 후벼 파는 갑질 말투는 누구나 가해자가 될 수 있고, 또 피해자가 될 수도 있다.

유명 인사나 공인이 갑질 말투 때문에 자리에서 물러나거나 법적인 책임을 지는 사례가 언론에 보도되기도 한다. A항공사의 경우 자녀들의 갑질로 기업의 이미지가 추락하고, 주가가 하루 만에 2,200억 이상 손실을 보았다. B그룹의 F회장은 운전기사에 대한 폭언과 욕설 등으로 사회적으로 지탄을 받자 회장직에서 물러나고 재판까지 받는 치욕을 당했다. 왜 이런 일이 발생했을까. 이는 피해자보다 자기가 우월한 지위에 있기 때문에 자기의 지위나 위치를 이용하여 **자기보다 낮은 지위에 있는 사람에게는 함부로 해도 된다는 왜곡된 우월 의식이 잠재되어 있기 때문에 일어나는 것 같다.** 갑의 위치에 있기 때문에 함부로 행동해도 상대가 감히 자기에게 저항을 못 할 것이라는 편향된 생각이 지배하기 때문일 것이다.

누구나 사회생활을 하면서 갑질 말투는 한두 번 들어 본다. 문제는 갑질 말투를 하는 사람은 그 말투를 듣는 사람이 정신적으로 피해나 충격을 받을 것이라고 생각하지 않기 때문에 함부로 말을 하게 된다. **갑질 말투도 하나의 습관이다. 한 번 하게 되면 또다시 하게 되어 있다.**

정부에서는 2018년 7월 '직장에서의 괴롭힘 근절 대책'을 발표했고, 개정된 근로기준법은 2019년 7월 16일부터 시행되었는데, 이것이 '직장 내 괴롭힘 방지법'이다. 2020년 7월 고용노동부와 한국노동법학회가 '직장 내 괴롭힘 방지법' 1주년을 맞아 직장인 설문 조사를 실시했는데, 조사 결과를 보면 '지난 1년 동안 회사에서 직장 내 괴롭힘에 변화가 있느냐'는 질문에 72%가 '없다'고 답했고, '줄었다'는 응답은 20%에 불과했고, 오히려 '늘었다'는 응답도 8%가 나왔다는 기사를 읽은 적이 있다.

이처럼 직장 내 괴롭힘은 계속되고 있는데, 아마도 '갑질 말투에 의한 괴롭힘'이 가장 많지 않을까 생각된다. '갑'의 위치에 있는 사람도 '을'이 마음에 들지 않는다고 참지 않고 거친 말투를 내뱉으면 자기 자신도 법의 제재를 받거나 책임을 져야 하기 때문에 만약 '을'이 마음에 들지 않으면 은밀하게 만나서 점잖고 품격 있는 말투로 본인의 생각을 이야기하는 것이 낫다. 이때에도 직접적으로 '을'의 잘못을 말하기보다 '을'이 가지고 있는 장점 등을 먼저 칭찬한 후에 하고 싶은 말을 하는 것이 좋다. 말투도 직설적으로 지시하는 말투보다 권유하거나 부탁하는 말투로 의견을 제시한다면 '을'도 '갑'의 의견을 존중할 것이고, '을'도 자신의 부족한 부분을 바꾸려고 노력할 것이다.

2 ' 말실수 잦은 공인은 말로(末路)가 좋지 않다 '

테레사 메이(Theresa May) 영국 총리가 총리로서 마지막으로 한 대중 연설에서 이렇게 말했다. "사람들이 듣고 싶어 하는 것을 말하는 것이 지도자의 역할이 아니다. 지도자는 사람들의 진정한 고민을 해결해야 한다. 정치 지도자는 설득하고 양보하는 자세를 갖춰야 하며, 필요할 때 타협할 수 있어야 한다. 타협은 더러운 말이 아니다"라고. 메이 총리는 요즘 정치인들의 언어가 갈수록 거칠어지고 있는 것도 비판하면서 **"정제되지 않은 나쁜 말이 불행한 행동으로 연결되고, 증오와 편견이 그들이 하는 일을 어두운 곳으로 향하게 한다."**라고 했다. 우리나라의 정치인들도 이 말을 새겨들어야 할 것 같다. 공인이라면 더욱 품격 있는 말을 사용해야 한다.

일본의 정치인들도 말실수가 많은 것 같다. 일본 자민당 유세국(遊說局)에서는 의원들에게 '실언(失言) 방지 매뉴얼'을 배포했다는 언론 보도를 본 적이 있다. 자민당 중진 의원들의 잇따른 실언으로 문제가 되자 자민당에서는 유사한 사고를 예방하기 위해 A4용지 한 장 분량의 내용으로 '실언 방지 매뉴얼'을 만들어 소속 의원들에게 나눠주었다는 내용이었다. 매뉴얼의 서두에는 정치인의 발언에 대하여 언론에서는 문제가 되는 부분만 인용한다는 것을 의식하라는 내용이 포함되어 있다.

이를 예방하기 위해서는 발언을 질질 끌지 말고 짧은 문장을 사용하라고 제시했다. 특히 주의해야 할 5가지는 첫째, 역사 인식과 정치 신조에 대한 발언, 둘째, 동성애, 트랜스젠더 등 성(性)에 관련된 발언, 셋째, 각종 사고나 재해에 대한 배려가 부적절한 발언, 넷째, 병(病)이나 고령(高齡)에 대한 발언, 다섯째, 잡담하는 듯한 발언 등을 삼가라고 조언하고 있다. 이 중에서도 역사 인식의 경우 문제가 생기면 사죄도 어렵고, 장기화하는 경향이 있으므로 특별히 조심할 것을 당부하고 있다. 사회적 배려 대상자나 사고나 재해 피해자 등을 만날 때는 더 세심하게 배려할 것을 당부하고 있다.

우리나라의 정치인들도 설화를 빚어 사회적 문제로 대두된 경우가 많이 있다. 일부 국회의원들이 5·18 광주 민주화 운동 관련 발언을 잘못해 징계를 받았고, 모 정치인은 사회적 재난 피해자인 세월호 유족에 대한 부적절한 발언으로 문제가 되자 사과한 적이 있다. 모 재벌 기업 대표는 운전기사에게 폭언과 욕설을 상습적으로 하여 사회적 지탄을 받기도 했다. 벤자민 프랭클린은 "발실수는 곧 회복할 수 있을지 모르나, 말실수는 결코 만회할 수 없다."고 했다.

이처럼 정치인 등 공인은 언제, 어디서, 어떤 장소에서든 항상 신중하게 생각하고 발언해야 하며, 또 자기가 한 말에 대해서는 책임을 지는 자세가 필요하다.

　탈무드에 이런 말이 있다. **"물고기가 언제나 입으로 낚이듯, 인간도 역시 입으로 걸린다."**

3 '채팅방에서 '대답을 강요하는 것'도 갑질이다'

　　　　　　　　직장 내에서 개인의 말투는 자신의 품성과 평판과 연결되기 때문에 항상 신중하게 생각하고 말하는 것을 습성화해야 한다. 2019년 7월 19일부터는 직장 내 각종 괴롭힘과 관련하여 고용부에서는 법으로 규정하여 통제하고 있다. 따라서, 직장에서 말을 함부로 하거나 특정 파벌을 만들어 특정인을 왕따시키는 등 직장 내 괴롭힘이 발생하면 회사는 물론 개인도 처벌을 받게 되기 때문에 항상 신중한 말투를 사용하여야 한다.

　개정된 근로기준법에서는 △ 지위·관계의 우위를 이용해 △ 업무상 적정 범위를 넘어 △ 고통을 주거나 근무 환경을 악화시키는 것을 '직장 내 괴롭힘'이라고 정의하고 있다. 고용부가 '직장 내 괴롭힘' 예시를 제시했는데, 괴롭힘으로 볼 수 있는 사례는 ① 주말 저녁에 술이 취한 상태로 단체 채팅방에 글을 올리고 대답을 강요하는 선배, ② 특정 학교 출신이 많은 회사에서 다른 학교 나왔다고 따돌리는 동기들, ③ "성과급의 30%는 선배를 접대하라"며 술자리를 반복 강요하는 선배, ④ 대졸 출신이 다수인 회사에서 유일한 고졸 사원에게만 말을 걸지 않는 동료들, ⑤ 신입 사원에게 "남들 몰래 영어를 가르쳐 달라"는 선배 등은 직장 내 괴롭힘에 해당된다고 제시했다.

반면에 괴롭힘으로 보기 어려운 사례는 ① 점심 식사 중 "애인은 어떤 일을 하느냐"고 묻는 과장, ② 근무 시간 이후 함께 일하는 타 부서 직원에게 카카오톡으로 업무 지시를 하는 팀장, ③ 실적 목표를 달성하기 위해 매일 부하 직원성과를 점검하는 은행 지점장, ④ 갑작스러운 거래처 사정으로 후배에게 야근을 지시한 팀장, ⑤ 업종 특성상 근무 시간 이후 업무 지시가 잦은 광고 회사 부장, ⑥ 동창회에서 우연히 만나 서로 때리며 싸운 같은 회사 동료 등은 직장 내 괴롭힘으로 보기 어렵다고 제시했다.

과거에는 직장에서 어느 정도의 말실수나 사소한 괴롭힘을 당했을 때 참고 넘어갔지만 지금은 법으로 이를 제재하고 있기 때문에 개인뿐만 아니라 회사도 책임을 져야 한다. 갑의 위치에 있는 사람은 항상 말조심을 하고, 부하들을 대상으로 수시로 교육하고, 감독해야 한다. 또 애로 사항이나 고충 사항이 있는 부하는 적시적으로 해결해 주어야 한다. 사소한 문제를 덮어주면 큰 사고가 일어날 수 있다.

허버트 윌리엄 하인리히(Herbert William Heinrich)가 주장한 '하인리히 법칙(1:29:300)'이 있다. 대형 사고는 우연히, 갑자기 발생하는 것이 아니라 대형 사고 이전에 반드시 경미한 사고들이 반복되는 과정 속에서 발생한다는 것을 실증적으로 밝힌 것으로, **1건의 대형 사고가 일어나기 전 300건의 경미한 사고와 29건의 작은 사고가 발생한다는 것이다.**

직장에서도 구성원들 간 어떤 문제가 발생하면 비록 사소하더라도 그 원인을 파악하고 해결해주면 사고를 예방할 수 있지만, 여러 징후가 있음에도 이를 무시하고, 방치하면 돌이킬 수 없는 대형사고로 발전할 수 있다. 따라서 관리자들은 조직 내에서 사소한 문제가 발생하더라도 이를 가볍게 여기지 말고, 적시에 해결해 주어야 한다.

4 ' 부부 싸움은 결국 말투 때문에 시작된다 '

TV 드라마 '사랑과 전쟁'을 보면 대부분 거친 말투나 자존심을 상하게 하는 말투 때문에 부부 싸움이 시작된다. 대개 부부가 싸우는 이유는 자기가 원하는 결과가 안 나오기 때문이라고 한다. 자기의 자존심을 지키기 위해 상대에게 화를 내고, 불평하고, 고집을 부리다 보면 화가 치밀게 되고, 감정 통제도 되지 않아 결국은 상대의 속을 후벼 파는 말투를 내뱉게 된다는 것이다. 이러한 말투는 상대의 자존심을 무너뜨리고, 마음에도 깊은 상처를 남기기 때문에 항상 조심해야 한다.

신혼 때는 뜨거운 '사랑의 힘'으로 서로 이해하고, 배려하면서 억지로 참기 때문에 갈등의 소지가 있어도 쉽게 넘어가지만 세월이 흐르면서 상대에 대한 약점이 보이고, 불만도 쌓여가면서 인내심이 한계에 도달하면 마침내 폭발하게 되는 것이다. 우리가 먹는 음식도 유통 기한이 표시되어 있다. 사랑에도 유통 기한이 있을까?

미국의 코넬(Cornell)대학교 '인간행동연구소'에서 2년 동안 5천여 명의 미국인을 대상으로 사랑의 유효 기간에 대해 조사했다. 연인들은 처음에는 뜨겁게 사랑하지만 18개월에서 30개월이 지나면 서서히 사랑이 식는다는 사실을 발견했다. 연구팀은 **사랑의 감정은 사랑에 빠진 1년 후 약 50%가 사라지게 되며, 이후 계속 낮아진다**고 밝혔다.

왜 그럴까? 이는 도파민이라는 호르몬과 관계가 있다고 한다. 사랑의 감정을 가지면 도파민이라는 호르몬을 많이 분비하게 되고 즐겁고, 행복한 감정이 지속되지만, 시간이 지남에 따라 사랑이 식어지면서 도파민 분비가 감소되면서 즐겁고, 행복한 감정이 줄어들면서 점점 이성적 판단을 하게 된다는 것이다. 그때부터는 상대의 약점이 보이기 시작하고, 사랑의 감정보다 현실적인 문제를 많이 생각하게 된다는 것이다.

이처럼 사랑의 감정이 뜨거울 때는 상대의 약점이 잘 보이지 않는다. 시간이 흘러가면서 10이라는 약점이나 불만이 점점 커져서 불만 지수는 100에 가까워지게 되고, 어떤 계기가 이를 건드려주면 폭발하게 되는 것이다.

부부 싸움을 할 때도 지키는 원칙이 있어야 한다. 첫째, 자기의 감정을 통제할 수 있어야 한다. 자기의 감정을 잘 통제하지 못하면 자신도 모르게 거칠고, 상대의 자존심을 건드리는 말실수를 하기 쉽기 때문에 긴 심호흡을 몇 번이고 되풀이하면서 흥분된 감정을 가라앉혀야 한다. 그렇지 않으면 자기의 분노 에너지는 상대를 자극하게 될 것이고, 상대는 반성보다는 심리적으로 방어 태세를 취하게 된다. 둘째, 부부 싸움의 원인이 되는 이유 한 가지만 이야기해야 한다. 만약, 상대와 약속 시간 문제로 갈등이 있다면 약속 시간과 관련된 내용만 가지고 이야기해야 한다. 약속 시간을 가볍게 생각하는 것이 문제의 핵심인데, 과거의 실수나 부모와 관련된 이야기, 돈 문제 등의 싸움의 원인과 관계가 없는 이야기를 줄줄이 한다면 상대는 반성하지 않고 오히려 반격할 수도 있다. 셋째, 상대의 자존심에 상처를 주는 말투는 사용하지 말아야 한다. 특히, 상대의 신체적 약점이나 습관, 상대 부모의 흠결, 직업이나 학력의 비하 등은 작은 싸움을 넘어 파국으로 갈 수 있기 때문에 몹시 화가 나더라도 최소한 3초만이라고 참고, 생각하고, 말해야 한다.

'사랑'에 대해 연구한 학자들에 의하면 연애의 만족도와 관계의 안정성은 얼마나 상대를 뜨겁게 사랑하느냐가 아니라, 부정적인 대화가 얼마나 적은가가 좌우한다고 한다. 불행한 커플들이 자주 사용하는 말투는 일방적 비난 말투(너 때문에 망쳤잖아!), 방어적 회피 말투(그래! 내가 잘못했다, 이제 그만하자!), 상처를 주는 말투(내가 아파 시댁에 못 간다고 못해! 당신은 마마보이야!), 멸시하거나 조롱하는 말투(그래! 너 잘났다! 그래서 이 꼴이야!) 등인데, 부부간에도 상호 언쟁을 줄이기 위해서는 이러한 부정적인 말투보다는 긍정적인 말투를 사용해야 한다.

5   '신체적 접촉은 득(得)보다 실(失)이 크다'

　　　　　　　　　　직장은 남녀노소가 함께 서로 소통하며 일하는 공간이다. 여러 사람과 다양한 업무를 처리하다 보면 문제가 되는 말이나 행동 때문에 책임을 져야 하는 경우가 많이 발생한다. 특히, 이성 간에 신체적 접촉으로 인한 성희롱 문제가 많이 발생하고 있다. 상관은 친밀감의 표시로 신체적 접촉을 했다고 하더라도 상대가 불쾌하게 느끼면 성희롱으로 간주될 수 있기 때문에 이성과의 신체적 접촉은 항상 조심해야 한다. 예를 들면, 이성에 대한 칭찬과 격려도 신체적인 접촉보다는 가능하면 공개적인 자리에서 말로 표현하는 것이 좋다. 특히, 상호 신뢰 관계가 형성되기 전에는 농담이나 불필요한 신체적 접촉은 회피해야 한다.

　잘못된 신체적 접촉에 대한 법원의 판결이 모 언론에 보도된 적이 있다. 모 중학교에 근무하는 A씨는 자신이 가르치는 여러 명의 여제자의 등이나 머리 등의 신체 일부를 쓰다듬는 추행 혐의로 기소되었다. 1심에서는 등이나 머리, 어깨 등은 성적 민감도가 떨어지는 부위이고, 교사로서 친근감과 격려의 의미로 신체 접촉을 했을 가능성을 배제할 수 없다고 판단했으나, 항소심에서는 "여성에 대한 추행은 접촉된 신체 부위에 본질적인 차이가 있다고 보기 어렵다."고 판단했다.

　법원에서는 '청소년의 성보호에 관한 법률' 위반 혐의로 기소된 A씨에게 원심을 파기하고 벌금 3천만 원과 40시간의 성폭력 치료 프로그램 이수 및 아동·청소년 관련 기관 3년 취업 제한을 명령했다. 교사 A씨의 행동에는 교실 등에서 여학생들의 브래지어 끈이 있는 부위를 쓰다듬는 행위, 어깨 부위를 잡거나 쓰다듬거나 주무르는 행위가 포함되었다고 하는데, 피해 여학생들은 경찰 조사에서 "매우 불쾌하고, 수치스럽고, 짜증이 많이 났다." "처음에는 선생님으로서 친근감의 표시로서 그런 것이라고 생각했는데, 나중에는 횟수가 많아지니까 제자로서 만진 게 아니라고 느껴졌다."고 진술했다고 한다. 재판부는 "설령 피고인의 주장처럼 격려, 칭찬, 친밀감 등을 표현하는 것이라면 보통은 언어적 표현으로 충분한 경우가 대부분일 것이다"라고 판단했다.

이 사건에서 보는 것처럼 이성에 대한 친밀감 표시, 격려, 칭찬은 신체적 접촉보다 언어적으로 표현하는 것이 바람직하다. 특히, 성 관련 사고는 상호 신뢰나 친밀한 관계가 형성되지 않은 상태에서 일어나는 경우가 많은데, 중요한 것은 법의 판단은 가해자의 생각이나 판단보다 피해자 또는 약자가 느끼는 생각이나 수치스러운 감정이 우선시된다는 것을 알아야 한다.

이성 간의 신체적 접촉은 얻는(得) 것보다 잃는(失) 것이 많은 것 같다. 그렇기 때문에 이성 간에는 가능한 불필요한 신체적 접촉을 피하고, 품격 있는 말투로 자기의 의사를 표현하는 것이 좋다. 본인은 선의로 또는 친밀감의 표시로서 신체적 접촉을 하지만 상대는 오히려 그 신체적 접촉을 불쾌하고, 수치스럽게 느낄 수 있기 때문이다.

제8장

애언(愛言), 사랑이 담긴 말투

부정적인 생각이나 말투를 극복하기 위해서는
긍정적인 마인드를 우리의 마음속에 심어야 한다.
긍정적인 생각이나 말투를 항상 마음에 담고 있으면 부정적 생각이나 말투는 사라지게 될 것이다.
심리학에서는 믿음을 토대로 하는 상상을 심상법이라고 한다. 이는 우리가 생각하고, 상상하는 대로 현실에서 이루어진다는 것이다. 인간의 뇌는 생각하는 방향으로 움직이기 때문에 긍정적 생각은 긍정적 결과를 낳고, 부정적 생각은 부정적 결과를 낳는다. 우리의 행동이나 말투는 생각을 토대로 나오는 것이기 때문에 항상 긍정적으로 생각해야 한다.

1   ' 자녀의 미래는 부모의 말투가 좌우한다 '

자식이 부모에게 듣고 싶은 말은 무엇일까? 아마도 자기를 이해하고, 인정해 주는 말투가 아닐까. 몇 해 전에 파주에 있는 출판 단지에서 1박 2일 동안 인문학 강의에 참석한 적이 있다. 강사로 나온 서울의 유명 사립대 교수인 P박사는 예술 작품과 인문학을 강의하면서 자기의 고등학교 3학년 아들에 대한 이야기를 했다.

아들은 공부에는 관심이 없고, 애니메이션에 빠져 하루에도 몇 시간씩 PC 앞에서 보내다 보니 엄마와 자주 언쟁이 일어났다고 했다. 부인의 입장에서는 아버지가 우리나라에서 유명 인사인데, 그의 아들은 대학은커녕 매일 애니메이션에 빠져 있으니, 남들이 알까 봐 걱정을 하면서 아버지가 아들에게 잘 타일러서 공부 좀 할 수 있도록 교육하라고 자주 부탁을 받았다고 한다.

P박사는 아들이 공부에 취미가 없는 것을 이미 알고 있었기 때문에 아들에게 공부하라는 이야기는 '쇠귀에 경 읽기와 같다'고 생각했다고 한다. 크리스천인 그는 아들이 부족하더라도 '하나님께서 다 쓰실 일이 있으실 것이다.'라고 생각하면서, 일단 아들이 관심을 가지고 있는 분야에 대해 이해해 보려고 아들과 '관계 형성하기'를 위해 노력했다고 한다. 아들이 PC로 애니메이션을 보고 있으면 "아들! 재미있나? 언제까지 할 거야?"라고 묻는다. 아들은 "예, 1시간 정도요….."라고 답한다. 그러면, "어! 그래, 1시간만 하고 공부해라."라고 말하고 있다가, 1시간 뒤에 가

보면 아들은 변함없이 PC에 집중하고 있다. 그때 또 한마디 한다고 한다. "아들! 재미가 좋은가 보네, 1시간이 지났는데…"라고 하면, 아들은 "예! 아버지, 20분만 더 하고요…"라고 말한다고 한다. 20분 뒤에 다시 가보면 역시 PC에 빠져 있다. "아들! 정말 재미를 붙였구나!"라고 이야기하면 미안한 표정으로 "예! 이제 끝낼게요." 하면서 PC를 끄고 공부를 했다고 한다.

P박사는 인내심을 가지고 아들을 이해하고 기다려 주었고, 아들은 자기를 이해해주는 아버지가 자기편이라 생각하고 신뢰감을 가졌던 것 같았다고 한다. 이후 공부에 조금 관심을 가졌지만 대학에는 갈 수 없는 수준이었다고 했다. 물론 대학에도 떨어졌다고 했다. 어느 날 아들이 다음과 같은 폭탄선언을 했다고 한다. "아버지 제가 실력이 없어서 대학에 못 갔지만, 일본에 가서 애니메이션 공부를 하고 싶은데, 비행기 표와 초기 생활비만 마련해 주면 자기가 아르바이트를 하면서 공부해 보겠다"고 각오를 말한 것이다. P박사와 부인은 고민 끝에 아들의 부탁을 들어주었다고 했다.

'P박사는 '온실에서 자란 아들이 언어도 통하지 않는 타국에서 고생을 해봐야 철이 들겠구나' 하는 생각에 허락을 했다고 한다. 일본으로 간 아들은 일본 우동집에서 아르바이트를 하며, 일본어 공부와 애니메이션을 취미로 하면서 열심히 생활했다고 한다. 성실한 성격 탓에 식당 주인도 아들을 좋게 보아 아들이 그린 애니메이션 그림을 식당 벽에 붙여놓기도 했다고 한다. 어느 날 이 식당의 단골인 애니메이션학과 교수가 아들이 그린 애니메이션을 보고, "자네, 애니메이션에 소질이 있어 보이니, 정식으로 공부를 해보게나." 하면서 명함 한 장을 주었다고 한다.

 이후 아들은 더 열심히 일본어와 자기가 좋아하는 애니메이션 공부를 해서 그 교수의 제자로 입학하게 되었다고 한다. 그 일본인 교수는 일본에서 유명한 애니메이션 교수였다고 한다. 아들이 입학 후 자기 부인은 지인들에게 "우리 아들은 일본에서 유학 중이라고" 자신 있게 이야기하고 다녔다고 한다. 아들의 재능을 믿고 참고, 기다려 준 부모의 인내심이 결국 아들이 좋아하는 분야에서 성공할 수 있는 디딤돌을 마련해 준 것이다. 위의 사례처럼 백 마디의 말도 중요하지만 상대를 믿고, 기다려 주는 것도 상대에게 자신감을 가지게 하는 계기가 될 수 있다고 생각한다.

2 ' 부부 싸움, 자녀에게는 폭풍과 같다 '

 자기 자식이 행복하길 바라는 것은 부모들의 공통된 바람일 것이다. 많은 부모들은 부부의 관계보다도 자녀와의 관계에 더 많은 관심을 가진다. 자녀의 교육이나 자녀의 미래나 진로에 대하여 더 많은 관심을 가지고 응원하고 지원해 준다. 부부관계가 좋으면 자녀도 행복해진다는 평범한 상식을 대부분 사람들이 잘 알지만 이를 실천하는 부모는 많지 않은 것 같다.

 결혼 생활을 하다 보면 부부간에도 이견이나 갈등이 생겨 말다툼을 할 경우가 있다. 자녀 앞에서 부부 싸움을 하는 것은 우리가 생각하는 것 이상으로 자녀에게 심리적으로, 신체적으로 영향을 미친다고 한다. 나아가 자녀의 삶 전체에도 영향을 미친다고 한다. 왜냐하면 부부 싸움은 자녀에게 불안감을 조성하는 학대 행위이기 때문이다. 부모가 싸울 때 느끼는 자녀의 공포는 부모가 상상하는 이상으로 크다고 한다. 자신의 울타리이자 보호자인 부모가 싸우면 아이는 세상이 무너질 것 같은 공포를 느낀다고 한다. 그래서 어떤 학자들은 부부 싸움 자체가 아동 학대라고 주장하기도 한다. 특히 어린 자녀 앞에서 거친 말투로 부부 싸움을 하는 것은 아이에게 심리적 불안을 안겨주기 때문이다.

프랑스국립건강연구원의 연구에 따르면 어렸을 때부터 **부부 싸움을 경험한 자녀는 우울증에 걸릴 확률이 그렇지 않은 자녀의 1.4배**가 되며, 미래에 자기 자신도 부부끼리 폭력을 행사할 확률이 3배가 되고, 자기 아이를 학대할 확률이 보통 사람보다 5배나 높다고 한다.

자녀 앞에서 부부 싸움을 하는 것은 자녀들의 정신 건강이나 정서에도 당연히 악영향을 미친다. 어린 시절에 부모의 싸움을 자주 경험한 자녀는 뇌 속의 해마에 공포와 불안이 저장되어 성인이 되어서 심리적 장애나 약물 중독 등에 빠질 수 있다는 연구도 있다.

어쩔 수 없이 부부 싸움을 해야 한다면 자녀가 없는 시간이나 자녀가 보지 않는 곳에서 해야 한다. 만약 자녀가 보는 앞에서 부부 싸움을 했다면 불안과 공포, 스트레스를 받은 자녀의 정신적, 정서적 긴장 완화를 위해 자녀가 보는 앞에서 화해를 하는 모습을 보여 주는 것이 좋다고 한다. 부부가 서로 웃으면서 악수를 하거나 포옹 등을 통하여 서로 사랑하는 모습을 보여줘야 한다. 특히, 자녀 때문에 싸웠다면 자녀와 함께 포옹하고 사랑의 감정을 표현하는 모습을 보여주면 자녀는 심리적으로 빨리 안정을 찾을 수 있다고 한다.

 누구나 부모가 될 수 있다. 그러나 부모의 자격을 갖춘 부모는 많지 않다고 생각한다. 좋은 부모가 되기 위해 노력하는 모습을 자녀에게 보여 주는 것이 중요하다. 자녀들은 부모의 등을 보고 자라기 때문에 항상 모범을 보여야 한다. 그래야 그 자녀도 미래에 자기 아이에게 좋은 부모가 되려고 노력할 것이다.

3 '음식점 직원에게는 품격 있는 말을 건네라'

 사회생활을 하다 보면 음식점에서 회식을 하는 경우가 많다. 음식점 종업원에게 건네는 손님의 말투를 보면 그 사람의 품격을 알 수 있다. '손님은 왕'이라는 그릇된 인식으로 음식점 직원에게 함부로 말하는 사람이 가끔 있다. 왕처럼 대우를 받으려면 왕의 품격으로 종업원에게 말을 건네야 하는데 그렇지 못한 경우가 가끔 있다. 특히, 종업원에게는 나이에 관계없이 반말을 하는 경우가 많다.

 "어이! 주문 받아!", "이모! 언니! 이리 와 봐!",

"언니! 주문 받아!", "어이! 총각! 이리 와!"
"야! 주문 받아!", "어이! 빨리 주문 받아!" 등
종업원을 무시하는 호칭을 사용하는 사람이 많다.

식당에서의 주문 예절은 종업원과 눈이 마주칠 때 손을 들어 주문하고 싶다는 의사를 표시하거나, 종업원이 자기 옆을 지나갈 때 주문하는 것이 기본예절이다. 특히, 종업원이 다른 손님의 주문을 받고 있을 때 큰 소리로 "어이! 주문 받아!"라고 외치면 "나는 무식하니 빨리 주문이나 받아라."는 의미로 받아들여질 수 있다.

내가 아는 고위 공무원 부부와 함께 한정식을 잘하는 식당에서 함께 식사를 한 적이 있다. 이 고위 공무원은 동료들에게는 아주 점잖고 매너가 좋은 사람으로 소문이 나 있는 사람이다. 그런데 식사를 주문하는 말투에서 나는 실망을 했다. "어이! 주문받아!"라고 여종업원에게 손짓을 했다. 여종업원이 "손님! 주문하시겠습니까?"라고 말하자. "어! 그래! 이 메뉴가 되나?"라고 메뉴판을 가리켰다. 나이가 좀 들어 보이는 종업원은 싫은 내색을 하지 않고 억지로 미소를 지으면서 "네! 손님!" 하고 대답했다.

문제는 그다음이었다. 자기가 좋아하는 더덕구이를 다 먹고 나서 다시 종업원을 불렀다. "더덕구이가 맛있네. 좀 더 가지고 와!"라고 또 반말을 했다. 내가 알기로는 이분이 이 식당의 단골로 알고 있는데, 종업원이 별로 반갑게 맞이하지 않을 때부터 이상하다고 생각했는데, 결국 이분의 말투 때문이라는 것을 알 수 있었다. 자기보다 강하거나 잘 보여야 하는

사람에게는 말을 점잖게 하고, 그렇지 않은 사람에게는 함부로 말하는 이중적이고 왜곡된 우월감을 가지고 있는 것 같았다. 이분의 말투 때문에 식사 자리가 조금 불편하게 느껴졌다.

나는 식사가 끝날 무렵 화장실을 다녀오면서 그 종업원에게 "음식이 맛있습니다. 잘 먹고 있습니다. 손님이 많아 수고가 많으시네요." 하면서 미안한 마음으로 팁을 드렸더니 웃으면서 "감사합니다." 하면서 주저 없이 받았다. 잠시 후에 후식과 함께 집에서 직접 담갔다는 머루주 네 잔을 가지고 왔다. 뜻밖의 서비스에 놀란 이 고위공무원은 "이게 뭐꼬! 서비스가!" 하면서 종업원을 바라보았다. 종업원은 "네! 좋으신 분들인 것 같아서 특별히 드린다"고 마음에 없는 말을 하는 것 같았다. 마치 "당신의 말투는 기분이 나쁘나 같이 온 사람이 팁을 줘서 그나마 손님 대우 해준다"라고 말하는 것 같았다.

우리가 거래처 손님이나 중요한 사람과 식사를 할 때는 그 사람의 기호나 좋아하는 메뉴 등을 사전에 알아보는 것도 중요하지만 서비스를 하는 담당 종업원의 친절함이 분위기를 좋게 할 수 있기 때문에 미리 팁을 드리거나, 특별히 부탁을 하면 더욱 즐거운 식사 자리가 될 수 있고, 그로 인해 뜻하는 바를 성사시킬 수 있을 것이다. '내가 왕처럼 대접을 받고 싶으면 종업원을 여왕처럼 대우하면 된다'. 그러면 그 종업원은 당신을 진짜 왕처럼 최선을 다해 모실 것이다. 이것이 사람과의 관계다.

신약의 마태복음(Matthew)에도 이런 말이 있다.

"너희가 남에게 대접을 받고 싶거든 먼저 남을 대접하여라."

4 '돈 빌려달라'는 사람은 이렇게 거절해라 '

"친구에게 돈을 빌려주면 친구도 잃고 돈도 잃는다"는 말이 있다. 이 말은 돈을 빌려간 친구가 돈을 갚으면 문제가 없지만 만약 빌려간 돈을 제때에 갚지 못하면 빌려준 친구에게 미안해서 연락할 수 없게 되고, 또 돈을 빌려준 친구도 돈을 빌려간 친구에게 전화나 연락을 하면 마치 돈을 돌려달라는 독촉으로 오해할 것 같아서 멀리하게 된다는 의미일 것이다. 그러다 보면 서로 눈치를 보면서 연락도 뜸해지고, 결국 왕래가 끊어지게 된다.

"한 친구를 얻는 데는 오래 걸리지만 잃는 데는 잠시이다."라는 말이 있다. 그래서 우리 부모님들은 친구나 친척 등 가까운 사람과는 절대로 돈거래를 하지 말고, 자기가 감당할 수 있는 금액을 받지 않는다고 생각하고 대가 없이 주라고 말씀하신 것 같다.

지금까지 살아오면서 나도 친구 몇 명과 돈거래를 한 적이 있다. 앞에서 이야기 한 것처럼 그 친구들과는 소식이 끊긴 지 오래다. 물론 빌려준 돈도 받지 못했다. 지금도 연락이 두절된 상태다. 그 친구와 친한 몇 사람에게 연락을 하면 전화번호 정도는 알 수 있지만 그럴 생각이 없다. 그 친구가 지금은 어떤 상태인지, 왜 연락을 하지 않는지 등이 궁금하기도 하지만 몇 푼 안 되는 돈을 받기 위해 연락하는 것 같아 그냥 지내고 있다. 옛 어르신들의 말씀이 딱 맞는 것 같다. "친구에게 돈을 빌려주면 친구도 잃고, 돈도 잃는다." 몇 푼 안 되는 돈은 생각이 안 나는데, 연말연시나 사진첩을 볼 때, 친구 결혼식장에 참석할 때, 다른 친구의 경조사 소식을 접할 때 가끔 그 친구와 함께 쇼펜하우어의 말이 생각이 난다.

"돈을 빌려주는 것을 거절함으로써 친구를 잃는 일은 적지만, 반대로 돈을 빌려줌으로써 도리어 친구를 잃기는 쉽다."

친구가 돈을 빌려 달라고 하면 어떻게 답해야 할까. 이 질문은 내가 대학에서 '인간관계론' 강의를 할 때 학생들에게 토의 주제로 던지는 주제이다. 물론 정답은 없다. 어떻게 답해야 할까. 어떻게 거절할 수 있을까. 내 강의를 듣는 학생들의 답은 대체로 세 가지이다. 첫째, 부탁하는 돈을 빌려 준다. 둘째, 능력 범위 내에서 빌려 준다. 셋째, 거절한다.

문제는 '셋째, 거절한다.'이다. 어떻게 하면 친구의 마음을 상하지 않게 거절할 수 있을까. 내 강의를 듣는 학생들에게 제시한 해결책 중의 하나는 이렇다. 'A라는 친구가 200만 원을 당신에게 빌려달라'고 하면 어떻게 해야 할까. A라는 친구는 친구들 사이에서 돈을 자주 빌리고 잘 갚지 않는다고 소문이 나 있는 친구이다. 어떻게 해야 할까. 나는 친구에게 왜 그 돈이 필요한지를 알아보고, 나도 사정이 어렵다는 것을 자세히 말해줄 것이다. 그래도 A라는 친구가 내가 그 정도의 능력이 있다는 것을 알고 집요하게 부탁을 한다면 이렇게 말해보라.

"사실 내 고교 동기생 B에게 100만 원을 두 달 전에 빌려 주었는데 한 달만 사용하고 돌려준다고 했는데, 두 달이 지나도 갚지를 않고 있다. B라는 친구가 돈을 갚으면 100만 원 정도는 빌려 줄 수 있을 것 같다."라고 이야기하면 A라는 친구는 일주일 뒤에 또 당신에게 연락이 올 것이다. "B라는 친구가 돈을 갚았나?"라고 확인할 것이다. 그러면, 당신은 A라는 친구에게 이렇게 말하라. "야! 세상에 정말 믿었던 친구인데, 약속을 안 지키네. 실망했다." "친구도 겪어봐야 알겠더라."라고 푸념을 하면 눈치가 빠른 A라는 친구는 더 이상 당신에게 부탁을 하지 않을 것이다.

물론, 나는 B라는 친구에게 돈을 빌려준 사실은 없다. 돈 거래 습관이 좋지 않은 A라는 친구의 부탁을 매정하게 거절할 수 없어서 만들어 낸 생각이다. 친구의 부탁을 거절하기는 쉽지 않다. 또 어려운 돈 부탁을 친구에게 해서도 안 된다. 물론 정말로 수술 등으로 급하게 돈이 필요한 친구가 있으면 받을 생각 없이 능력 범위 내에서 도와주는 것이 진정한 친구이다. 그러나 상습적으로 친구를 이용하는 버릇이 나쁜 친구나 동료는 금전 거래를 조심하는 것이 좋다. 거절에도 기술이 필요하다. 10명의 친구를 만드는 것도 중요하지만 1명의 적을 만들지 않는 것이 더 중요하다. 그것이 인간관계의 기본이기 때문이다.

5   '연하 카드는 손 편지로 작성하라 '

　　　　　　　연말이 되면 사람들은 지인들에게 크리마스 카드나 연하장, 문자 메시지 등으로 인사를 하는 경우가 많다. 요즘은 예전과는 달리 카드나 연하장보다 문자로 인사를 하는 경우가 많아진 것 같다. 그만큼 바쁘기도 하고, 카드나 연하장은 본인이 직접 자필로 문장을 작성하여 보내야 하는 번거로움 때문에 비교적 간단한 문자 인사를 선호하는 것 같다. 하지만 받는 사람의 입장에서는 단순한 문자 인사보다 정성과 진심이 담긴 카드나 연하장이 더 기억에 남을 것이다. 특히, 그 내용이 감동적이고, 정성스럽게 잘 작성된 카드나 연하장이라면 상대에게 잊히지 않는 인사가 될 것이다.

　　직접 만나서 감사의 표시를 하면 제일 좋겠지만 여러 가지로 제약이 따르기 때문에 문자로 하는 인사보다는 카드나 연하장을 선택하여 상대가 큰 감동을 받을 수 있도록 작성하는 것이 좋을 것 같다. B과장은 해마다 도움을 주신 분이나 고마운 분들에게 연하장을 자필(自筆)로 작성하여 보내고 있는데, 이를 소개하고자 한다.

　　첫째, 연하장을 받을 대상자에게 적합한 문장과 내용으로 감사한 마음을 포함하여 전달하여야 한다. 어떤 도움을 주신 분이라면 "지난번에 ○○계약을 도와주심에 깊은 감사를 드립니다. K부장님 때문에 저는 회사에서도 좋은 성과도 내고 진급까지 했습니다. 올해는 K부장님이 제 인생 최고의 후원자였습니다. 언제나 부장님의 은혜는 잊지 않겠습니다.

다시 한번 감사드립니다."라는 내용과 특별히 하고 싶은 말을 포함시키면 좋을 것 같다. 둘째, 내용은 자필(自筆)로 정성스럽게 작성해야 상대를 감동시킬 수 있다. 상대를 감동시켜야 잊지 않고 좋은 관계를 계속 유지할 수 있다. 일반적으로 필체가 나빠서 PC로 문장을 작성 후 출력하여 성의 없이 보내는 경우가 많은데, 필체가 중요한 것이 아니라 자필로 작성하여 그 정성을 상대가 알고 느끼게 해야 감동하기 때문이다. 셋째, 상대가 잊을 수 없는 문장과 두 사람의 만남이나 특별한 관계 등이 포함된 내용이 포함되면 좋다. 예를 들면, "2022년 3월 3일. 이날은 제 인생에서 잊을 수 없는 날입니다. 이날은 제 인생에서 가장 귀한 분을 만난 날이기 때문입니다. 제가 낙심과 절망 속에서 고민하고 있을 때 혜성처럼 나타나셔서 저의 미래를 밝혀주신 A이사님을 만난 날입니다……" 이러한 내용을 포함하여 연하장을 작성한다면 상대도 당신을 쉽게 잊지 못할 것이다.

또 시간이 없어 문자 메시지로 연말연시 인사를 하는 경우가 많은데, 이때도 짧은 문자이지만 정성과 감동을 줄 수 있는 내용으로 작성해야 한다. 일반적으로 똑같은 문장을 복사해서 그대로 보내는 경우가 많은데, 예를 들면 "올 한 해 동안 수고하셨습니다. 새해에는 더욱 건강하시고, 복 많이 받으십시오. 홍길동 올림."

이런 문자 메시지는 정성과 영혼이 없다. 상대방이 보지도 않을 것이다. 내가 아는 M회장님은 상대가 보낸 문자 첫 문장만 보면 그 사람을 어느 정도 파악할 수가 있다고 한다. 상대에 대한 정성과 디테일이 짧은 문장 속에서도 묻어난다는 것이다.

　문자 메시지도 연하장 쓰는 방법과 같이 상대에 대한 감사를 정성스럽게 표현할 수 있어야 상대를 감동시킬 수 있다. 인사말도 개인별로 특징적으로 정성스럽게 작성하여야 상대를 감동시킬 수 있다. 문자는 때로는 말투보다 더 큰 감동과 여운을 줄 수 있다. 짧은 문자에도 정성과 감동이 담겨 있어야 상대가 감동한다.

맺·는·말

◆

"인간관계가 아무리 힘들어도
우리는 사람을 포기할 수 없다."

◆

"인간관계가 아무리 힘들어도
우리는 사람을 포기할 수 없다."

사람들은 인간관계가 힘들다고 한다.
아무리 인간관계가 힘들어도
우리는 결코 사람을 포기할 수가 없다.

사람과의 관계가 성공을 좌우하기 때문이다.
어떻게 하면 인간관계를 잘할 수 있을까.
그 비결은 사람들이 사용하는 말투에 달려 있다.

말투는 사람을 모이게도 하고, 또 떠나게도 한다.
어떤 말투를 사용해야 사람을 얻을 수 있을까.
따뜻하고, 품격 있는 말투를 사용해야 한다.

사람의 말투나 행동은 자신의 생각을 토대로 나온다.
인간의 뇌는 자기가 생각하는 방향으로 움직이기 때문이다.

긍정적인 생각은 긍정적인 말투를 낳고, 부정적인 생각은
부정적인 말투를 낳는다. 그렇기 때문에 **우리의 생각은
항상 긍정적이고, 희망적이어야 한다.
그러면 우리의 말투도 그렇게 바뀐다.**

"칼로 베인 상처는 쉽게 치유할 수 있지만
말로 베인 상처는 영원히 치유할 수 없다."는 말이 있다.
아무 생각 없이 내뱉은 말이 상대에게는
큰 상처가 될 수 있기 때문에 사람은 항상 말을 조심해야 한다.

민족시인 윤동주의 〈내 인생에 가을이 오면〉이라는
시(詩)에 이런 내용이 있다.

"내 인생에 가을이 오면
나는 나에게 사람들에게
상처를 주지 않았느냐고 물을 것입니다.
그때 얼른 대답하기 위해
지금 나는 사람들에게
상처 주는 말과 행동을 하지 말아야 하겠습니다."

사람들은 누구나 인생의 가을을 맞이한다.
그때에 외롭지 않으려면 함께할 사람이 있어야 한다.
그렇게 하려면 사람들에게 좋은 기억으로 남아 있어야 한다.

이 책을 통하여 자신의 생각을 바꾸고,
자신의 말투를 따뜻하고 품격 있게 바꾸어 나간다면
마음이 따뜻한 향기 나는 사람으로 기억될 것이다
그리고 그들은 여러분과 인생을 함께하려고 할 것이다.

저 자 **김 정 천**